CH. WILHORGNE.

GRAINS DE SABLE

Chansons, Romances, Contes, Fables,

Élégies, etc.

Autant en emporte le vent.

Une Vieille Chanson.

PARIS,

CHAMEROT, ÉDITEUR, RUE DU JARDINET, 13.

1847.

GRAINS DE SABLE.

ROUEN, IMPRIMERIE DE SURVILLE,

Rue des Bons-Enfants, 46.

CH. WILHORGNE.

GRAINS DE SABLE

Chansons, Romances, Contes, Fables, Élégies, etc.

Autant en emporte le vent.

Une Vieille Chanson.

PARIS,

CHAMEROT, ÉDITEUR, RUE DU JARDINET, 13.

1847.

GRAINS DE SABLE.

MES GRAINS DE SABLE.

CHANSON-PRÉFACE.

Je me suis cru quelque peu l'interprète
D'un sentiment qu'on dédaigne aujourd'hui ;
Il me sembla que, s'il était poète,
Mon pauvre cœur ne le devait qu'à lui.
J'ai cru dépeindre un amour véritable ;
Est-ce une erreur d'un esprit vaniteux ?
Soufflez dès-lors sur tous ces grains de sable,
Oubliez-les et moi-même avec eux.

Pour être franc, lecteur, je dois le dire,
La Gaudriole autrefois m'inspira ;
Et vous savez qu'à tout ce qui l'inspire
Un écrivain toujours obéira.
Votre pudeur est-elle inexorable
Pour quelques vers du genre graveleux ?
Vite soufflez sur tous ces grains de sable,
Oubliez-les et moi-même avec eux.

Ce que j'ai dit touchant notre patrie
Et ses malheurs que je voudrais venger,
Partait d'un cœur qui hait la flatterie,
Et ne craint pas au moment du danger ;
Mais un auteur, certes inimitable,
L'a dit jadis en vers bien plus heureux.
Soufflez, soufflez sur tous ces grains de sable,
Oubliez-les et moi-même avec eux.

Jamais mon nom n'enrichira l'histoire ;
Je m'en console aisément, Dieu merci !
D'autres que moi peuvent rêver la gloire,
J'ai, sans cela, bien assez de souci.
Qu'ai-je donc fait d'ailleurs de remarquable
Pour mériter quelque titre pompeux ?
Soufflez, soufflez sur tous ces grains de sable,
Oubliez-les et moi-même avec eux.

Pour obéir aux besoins de mon ame,
J'ai modulé, sur n'importe quel ton :
Conte, romance, élégie, épigramme,
Epître, fable. .., enfin tout m'était bon.
Si, par hasard, j'étais inexcusable
Pour des défauts par moi non aperçus,
Soufflez, soufflez sur tous ces grains de sable,
Oubliez-les et qu'on n'en parle plus.

LE VAINQUEUR AU TIR.

APOLOGUE.

> Quis enim qui totum diem jaculans,
> Non aliquandò collineet?
>
> *Cicéron.*

En vain depuis longtemps je m'exerçais au tir,
Lorsqu'un jour, tout-à-coup, j'entends crier : « Victoire ! »
Et, comme à mon talent j'étais heureux de croire,
Je laissai volontiers les échos retentir
Des éloges pompeux débités à ma gloire.
Déjà l'on s'apprêtait à me verser à boire,
Et sans pudeur, ma foi ! j'allais y consentir...
Un sage, par bonheur, vint me dire à l'oreille :
« En ceci le hasard, ami, n'est-il pour rien ?
« Répondrais-tu toujours d'une adresse pareille ? »

Lui seul parlait français et je le compris bien.
La faute où je tombais n'est que par trop commune.
Oh! combien de grands noms qui n'existeraient pas,
     Si l'on rendait à la Fortune
Sa part dans tout le bien qui se fait ici-bas.

BÉRANGER (1).

Cherchez-vous, en littérature,
Une adroite malignité,
De gais tableaux où la nature
Étale sa simplicité?
Voulez-vous connaître un génie
Qu'un Dieu prit soin de protéger?
Aimez-vous la douce harmonie?
Lisez les vers de Béranger.

Vous qui maudissez l'existence,
Loin d'un vain luxe et des plaisirs;
Vous que repousse l'opulence
En proie à de honteux désirs;
Pour égayer votre misère,
Trop pauvre pour vous soulager,
Il chante..., hélas! peut-il mieux faire?
Lisez les vers de Béranger.

Vous qui mettez tant de constance
A poursuivre en vain la grandeur,
Croyez bien que l'indépendance
Est la source du vrai bonheur.
Les honneurs sont comme une proie
Qu'on se dispute avec danger;
Ils n'ont jamais troublé sa joie :
Lisez les vers de Béranger.

Il est une secte hypocrite,
Écoutant tout et parlant peu;
De vos discours elle profite,
Votre perte est pour elle un jeu.
On croit à l'amitié d'un traître,
N'allez pas trop vous engager;
L'expérience est un bon maître:
Lisez les vers de Béranger.

Toujours belle, toujours féconde,
Sa muse a chanté nos exploits:
Comme il peint ce vainqueur du monde,
Dont le nom fit trembler les rois!
Lâches qui flétrissez sa gloire,
L'avenir saura le venger...
Ses chants sont aussi de l'histoire :
Lisez les vers de Béranger.

L'Amour se joue avec sa lyre,
Le Plaisir vide ses flacons,
Et la Liberté vient sourire
Au doux récit de ses chansons.
Modèle de philosophie,
Esprit que rien n'a pu changer,
C'est à toi que je me confie :
Un seul regard, ô Béranger!

LA CHANSONNETTE.

Air : Suzon sortait de son village.

Que maint auteur, qui s'admire et s'abuse,
Adresse aux rois de serviles accents ;
Moi, franchement, je n'aime que la muse
Dont la gaîté sait faire aimer les chants.
    La chansonnette,
    Simple et follette,
Produit souvent des effets merveilleux ;
    L'humeur bouffonne ,
    Qui l'assaisonne,
D'un sot mépris peut venger bien des gueux.
Entrez, ô vous dont l'ame est inquiète,
Dans mon réduit par Momus habité ;
Là de plaisir chacun est transporté
    Par une chansonnette.

Lorsqu'un amant veut fléchir sa maîtresse,
Sa voix module un refrain gracieux ,
Qui lui dépeint l'amour et la tristesse
Où l'a réduit l'éclat de ses beaux yeux.
  Alors la belle,
  Bien moins cruelle,
Cèderait presque à son brûlant désir ;
  L'amant redouble,
  Elle se trouble,
Et la voilà dans les bras du plaisir.
On peut ainsi vaincre la plus coquette :
Telle paya mille soins d'un refus,
Qui tout-à-coup ne me résista plus,
  Grâce à ma chansonnette.

Le forgeron, que la flamme environne,
Chante gaîment, en façonnant l'acier ;
L'enclume alors sous son marteau résonne
Et sert de règle à son bruyant gosier.
  Douce allégresse,
  Tu viens sans cesse
Le consoler au sein de ses travaux ;
  Même il oublie
  Que notre vie
N'est qu'un tissu de soucis et de maux ;

Et, vers le soir, quand sa tâche est complète,
Sur un grabat il se livre au sommeil,
Puis il reprend ses travaux au réveil
    Par une chansonnette.

Longtemps chez nous régna le despotisme ;
A quels excès se livre-t-il encor !
Devant nos yeux en vain on met un prisme :
Tout sceptre est lourd, quand il est chargé d'or.
        De ton génie
        Notre patrie,
O Béranger ! attend de nouveaux chants.
        Malgré leur rage,
        Ton grand courage
Plus d'une fois sut braver les tyrans.
Il m'en souvient, au fort de la tempête,
Nos ennemis ne t'épouvantaient pas,
Et, dans leurs fers, tu les bravais tout bas
    Par une chansonnette.

Quand l'Amitié nous réunit à table,
Nous devons boire et chanter tour-à-tour.
Boire et chanter, quel sort plus agréable !
Commençons tous à l'heure où fuit le jour.

Chantons encore,

Lorsque l'Aurore

Vient sur son char annoncer le matin ;

Chantons sans cesse,

Point de tristesse,

Il en est tant qui meurent de chagrin !

J'obéirai quand la mort sera prête,

Si vous vivez alors, priez Caron

De m'égayer, en passant l'Achéron,

Par une chansonnette.

LE VIN.

RONDE BACHIQUE.

Air : Dans notre beau vallon.

Avez-vous des soucis,
De la mélancolie?
Croyez-moi, mes amis,
Buvez jusqu'à la lie
   Le vin,
  Le vin, le vin,
Ce jus si divin !

Les docteurs de nos jours
Perdraient moins de malades,

S'ils prescrivaient toujours,
Au lieu de limonades,
        Le vin,
      Le vin, le vin,
    Ce jus si divin !

L'Amour, ce dieu charmant,
N'aurait pas tant d'empire,
S'il n'employait souvent,
Et pour mieux nous séduire,
        Le vin,
      Le vin, le vin,
    Ce jus si divin !

Mais l'Amour tout au plus
Ne brille qu'une aurore ;
Tout vieux et tout perclus,
Qui nous réchauffe encore?
        Le vin,
      Le vin, le vin,
    Ce jus si divin !

Si notre bon pasteur
Chante aussi bien qu'un ange,

C'est qu'il boit de bon cœur,
Et toujours sans mélange,
Le vin,
Le vin, le vin,
Ce jus si divin !

Sans trop nous enquérir
Comment tourne le monde,
Hâtons-nous de jouir,
Et sablons à la ronde
Le vin,
Le vin, le vin,
Ce jus si divin !

Ne vous effrayez pas
De l'enfer ni du diable ;
Moi, je crois que là-bas
On rit, on chante à table
Le vin,
Le vin, le vin,
Ce jus si divin !

LE PAPILLON QUI SE BRULE A LA CHANDELLE.

FABLE.

Un léger papillon, voyant une chandelle
  Qui brillait dans l'obscurité,
  Mu par la curiosité,
  S'approche et voltige autour d'elle.
Il la croit le Soleil, et sa vive chaleur
Dans cette opinion par moments le confirme.
Pour mieux s'en assurer, l'imprudent, ô malheur !
Fond sur le suif bouillant et s'en détache infirme.
  Je souffrais de voir ses efforts
Pour se débarrasser de l'épaisse matière ;
  Pourtant on ne le plaignait guère,
  Et chacun lui trouvait des torts.
« Ne pouvait-il donc pas voler un peu moins vite, »
Disait l'un ? « C'est un sot ; il a ce qu'il mérite, »

Ajoutait l'autre. Enfin, le ciel aidant,
Il redevint dispos comme il l'était avant.
Mais, hélas ! en fut-il plus sage ?
A peine put-il revoler,
Qu'au foyer tout-à-coup on le vit se brûler.
Pas une voix n'a crié : C'est dommage !

Je ne vous plains pas davantage,
Messieurs les Électeurs, qui, déjà pris dix fois
Aux serments d'hommes corruptibles,
Avez la rage au cœur pour redonner vos voix
A ces êtres incorrigibles !
Mais ce n'est point assez qu'un si stupide appui
Trompe tous vos projets de gloire et de fortune,
Vous travaillez encore à la perte commune :
Au moins le papillon n'a fait de mal qu'à lui.

L'HOMME DE TOUS LES PARTIS.

Air : Mon Épouse fait ma gloire.

Mon avis en politique
N'est point encore arrêté ;
J'aime autant la République
Que la Légitimité.
Je dis même, en temps et lieu :
Vive le Juste-Milieu !
    Mes amis,
    Mes amis,
  Je suis de tous les partis ,
Oui , je suis de tous les partis.

Un noble de vieille race
Me dit un jour, par hasard :
« Chez moi venez donc, de grâce,
« Goûter d'excellent Pomard. »
J'accepte, et, très volontiers,
Je vante tous ses quartiers.
        Mes amis,
        Mes amis,
    Je suis de tous les partis,
Oui, je suis de tous les partis.

Croyez tous, sur ma parole,
Que, si j'avais bu longtemps,
Jusqu'au bout jouant mon rôle,
J'aurais dit aux assistants :
« La dîme, un jour à venir,
« Pourrait fort bien revenir. »
        Mes amis,
        Mes amis,
    Je suis de tous les partis,
Oui, je suis de tous les partis.

Ma voisine, au doux sourire,
Voulant recouvrer ses droits,

Avec moi , je puis le dire ,
S'émancipe quelquefois ... ,
Et je rends , chaque matin ,
Grâce au bon Père Enfantin !...
      Mes amis ,
      Mes amis ,
   Je suis de tous les partis ,
Oui , je suis de tous les partis.

Un grand , d'un crédit immense ,
M'avait promis son appui ;
Je comptais sur sa puissance ,
Et j'ai parlé comme lui.
Il ne faut choquer en rien
Ceux qui nous veulent du bien.
      Mes amis , .
      Mes amis ,
   Je suis de tous les partis ,
Oui , je suis de tous les partis.

Mais , par malheur , la Fortune
Souffla d'un autre côté ,
Et je lui garde rancune
Pour m'avoir si mal traité.

Alors je me fis soudain
Farouche républicain.
     Mes amis,
     Mes amis,
  Je suis de tous les partis,
Oui, je suis de tous les partis.

LE PRÉCEPTEUR D'UN JEUNE PRINCE (2).

Air : Combien la nature est féconde.

« Nous avons à compter ensemble,
« Beau compagnon de mon seigneur ;
« Çà, dépêchons ! car il me semble
« Que j'en ai bien gros sur le cœur.
« Le prince a fait mainte sottise,
« Or, c'est vous qui portez les coups :
« Afin qu'un jour le bambin s'humanise,
« Culotte bas, vite à genoux !

« D'abord, sans craindre mon contrôle,
« Et devant ses gens étonnés,
« Depuis deux jours je vois le drôle
« A tout propos me rire au nez ;
« J'ai beau prendre mon air sévère,
« Il se moque de mon courroux.
« Mon fouet est bon, j'ai gardé ma colère :
   « Culotte bas, vite à genoux !

   « Ce matin , professant l'Histoire,
   « Je le conjurai quatre fois
   « De repasser dans sa mémoire
   « Le nom de tous nos meilleurs Rois.
   « Voyons donc, et sans en rabattre ,
   « Lui disais-je, nommez-les tous :
« — Tous? reprit-il, je ne vois qu'Henri-Quatre. »
   « — Culotte bas, vite à genoux !

   « Le Calcul, repris-je, est utile ;
   « Vous aurez à compter un jour
   « Une énorme Liste-Civile
   « Dont s'ébaudira votre cour.
   « — Compter l'argent de la misère ,
   « Qui se priverait et pour nous !
« Jamais, dit-il, j'en aurai trop , bon père »
   « — Culotte bas, vite à genoux.

« Passons à la Géographie ,

« Dis-je alors, et prouvez au moins

« Que l'enfant que l'on me confie

« Sait parfois répondre à mes soins.

« — Je n'ai point l'esprit des conquêtes ,

« Répond-il , c'est bon pour des fous :

« L'orgueil des Rois fit tomber trop de têtes...

« — Culotte bas , vite à genoux !

« Sa morale est inconcevable,

« J'en désespère, en vérité ;

» Croirait-on que le petit diable

« Ose parler de liberté !

« Il voudrait que l'on pût tout dire ,

« Sans craindre geôliers, ni verroux.

« Quels sentiments ! Dieu ! quel démon l'inspire !

« Culotte bas , vite à genoux ! »

L'AIGLE ET LA TORTUE.

FABLE IMITÉE D'ÉSOPE.

Fatigué d'un lointain voyage ,
Dans un désert aride et près d'un roc sauvage,
Le puissant roi des airs un jour se reposait :
« Je vous savais ici , lui dit une Tortue
Qui vers lui lentement alors se dirigeait ,
    « Et, pour vous dénoncer un fait
« Dont mon honneur dépend, vers vous je suis venue.
    « Je vous dirai donc, en deux mots ,
« Qu'à mille quolibets je me trouve exposée
« De la part de Messieurs les autres animaux :
« Ma torpeur est pour eux un sujet de risée.
« Ne puis-je mettre un terme à leurs malins propos ?

2

« Si bien haut vous vouliez m'emporter dans vos serres,
          « Je crois qu'ils ne tarderaient guères
« A prendre à mon égard un ton plus réservé.
« — Est-ce là le moyen que vous avez trouvé
     « Pour qu'envers vous leur critique soit vaine ?
« Il est fort bon, dit l'Aigle, et j'y souscris sans peine ;
« Allons, cramponnez-vous à moi de votre mieux,
« Et vous saurez bientôt quel air il fait aux cieux. »
A peine avait-il dit, qu'aussitôt la Tortue
Se sentit transportée au-dessus de la nue ;
          Ce fut l'affaire d'un moment.
          Vous peindre son contentement
Serait, n'en doutez pas, difficile entreprise.
Elle triomphait donc, quand, je ne sais comment,
Le prince des oiseaux tout-à-coup lâcha prise.
Le corps de la Tortue alla se fracasser
          Contre les flancs du roc sauvage.
Plus d'un sage dira qu'elle eût pu se passer
          D'entreprendre un pareil voyage.

Ainsi qu'au temps d'Ésope, on rencontre aujourd'hui
Des sots qui, disposés à trop s'en faire accroire,
Ne s'élèvent jamais qu'à la faveur d'autrui ;
          Hélas ! que deviendra leur gloire,
Si, comme la Tortue, ils perdent leur appui.

UNE JEUNE VEUVE

Musique de M. Legrand.

Dors, pour adieu j'ai reçu ton sourire;
Dors, le soleil n'éclaire plus nos toits;
Pour écarter ce qui pourrait te nuire,
Je veillerai.., j'ai veillé tant de fois!
Plus on vieillit, plus la vie est amère,
Plus on regrette un temps si précieux!
Dors, calme et pur, sur le sein de ta mère,
Ange, qu'un jour Dieu m'envoya des cieux.

Dors, le sommeil dans lequel tu te plonges
N'offre jamais ni chagrin ni bonheur;
Dors, tu sauras ce que valent les songes,
Lorsque l'amour aura surpris ton cœur.

Si, grâce à lui, l'existence m'est chère,
Combien de pleurs ont coulé de mes yeux !
Dors, calme et pur, sur le sein de ta mère,
Ange, qu'un jour Dieu m'envoya des cieux.

Dors, l'avenir te garde d'autres peines,
Car pour souffrir l'homme naît ici-bas ;
Quand de l'amour tu quitteras les chaînes,
L'ambition dirigera tes pas :
On court longtemps après une chimère,
Croyant poursuivre un renom glorieux !
Dors, calme et pur, sur le sein de ta mère,
Ange, qu'un jour Dieu m'envoya des cieux.

Dors, cher petit ; moi, j'aurai cessé d'être
Lorsque ces maux viendront fondre sur toi ;
Quelqu'un pourra te consoler peut-être,
Mais quel ami t'aimera mieux que moi ?
Pauvre innocent, dors longtemps, car ton père
N'a jamais vu ton rire gracieux ! . . .
Dors, calme et pur, sur le sein de ta mère,
Ange, qu'un jour Dieu m'envoya des cieux.

LES ARISTOCRATES DE LA PENSÉE.

Air : J'suis né paillasse et mon papa.

« Pour réussir, dit un ancien,
  « Il faut que l'on se pousse ;
« On rit du savant qui n'est rien,
  « Quand un sot l'éclabousse.
    « En France et partout,
    « L'audace fait tout,
  « Pour peu que l'on griffonne.
    « Prenons donc un rang,
    « Et, pour le talent,
  « Nous ne craindrons personne.

« Prodiguons-nous dans les journaux
  « L'encens, à tant la ligne ;
« Que par des noms originaux
  « Le monde nous désigne ;
    « Près de nos prôneurs,
    « Salariés menteurs,
  « Que Béranger frissonne !
    « Ainsi prenons rang,
    « Et, pour le talent,
  « Nous ne craindrons personne.

« Trouvons des défauts et des torts
  « A Racine, à Corneille ;
« Pouvons-nous craindre que ces morts
  « Nous rendent la pareille ?
    « Pour ce seul fait-là
    « Maint fou nous croira
  « Dignes d'une couronne.
    « Ainsi prenons rang,
    « Et, pour le talent,
  « Nous ne craindrons personne.

« Entre gens de même acabit,
  « Le moins, c'est qu'on s'estime ;
« Trouvez-moi du goût, de l'esprit,
  « Je vous dirai sublime.

« Ne vivons-nous pas

« D'échange ici-bas ?

« La raison en est bonne.

« Ainsi prenons rang ,

« Et , pour le talent ,

« Nous ne craindrons personne.

« A qui voudrait nous dépasser

« Lançons mainte satyre ;

« Usurpons le droit de penser

« Comme celui d'écrire.

« Pédantesque ou pur ,

« Clair ou très obscur ,

« Que notre style étonne !

« Ainsi prenons rang ,

« Et , pour le talent ,

« Nous ne craindrons personne. »

A MON ANGE GARDIEN,

A LA SUITE D'UNE AVENTURE GALANTE.

Air du Vaudeville du Chapitre second.

« Vous me négligez trop parfois,
« Et, grâce au Démon qui me tente,
« Ma vertu se trouve aux abois,
« Pour le moins, vingt-huit fois sur trente
« Je combats, mais j'ai le dessous;
« Devrais-je le trouver étrange?
« Le Diable est plus malin que vous;
« Remontez là-haut, mon bon Ange.

« Tandis qu'un gros prédicateur
« Pour moi se débattait en chaire,
« J'avise un minois séducteur,
« Auquel soudain je cherche à plaire ;
« Je lui lance un regard bien doux,
« J'obtiens un sourire en échange.
« Le Diable est plus malin que vous ;
« Remontez là-haut, mon bon Ange.

« Je voulus, après le sermon,
« Ne pas poursuivre cette belle ;
« Mais sans doute que le Démon
» Près de moi faisait sentinelle.
« Par Dieu quand j'allais être absous,
« Un autre penser me dérange.
« Le Diable est plus malin que vous ;
« Remontez là-haut, mon bon Ange.

« Je ne sais comment il se fit
« Que, d'abord un peu courroucée,
« La gente fille s'attendrit
« Et sembla lire en ma pensée ;
« En voyant son malin courroux,
« J'aurais bien pu prendre le change.
« Le Diable est plus malin que vous ;
« Remontez là-haut, mon bon Ange.

2.

« Faut-il donc, m'écriais-je alors,
« Que mon seul appui m'abandonne ?
« Envers moi vous aviez des torts,
« Et l'occasion était bonne.
« Avec cette belle, entre nous,
« De votre oubli mon cœur se venge...
« Le Diable est plus malin que vous ;
« Remontez là-haut, mon bon Ange. -

L'OUBLIEUX PARVENU.

FABLE.

Certain ambitieux, briguant tous les emplois,
Finit par obtenir une place et la croix.
Cette insigne faveur double son influence :
Il pourra désormais disposer à son tour
De postes lucratifs et de quelque importance,
    Envers tous ceux qui lui feront leur cour.
« Nul n'est grand, pensait-il, à moins qu'on ne l'encense ! »
On connaissait son faible ; aussi mille flatteurs,
Avides comme lui de titres et d'honneurs,
Coururent lui jeter ces compliments d'usage,
Où toujours l'intérêt se glisse avec l'hommage.
Tous s'en trouvèrent bien, car à tous il promit
D'user, à les servir, son zèle et son crédit.
Chacun s'en retourna le cœur plein d'espérance,
    Lorsqu'un ancien ami d'enfance,

Qui n'avait pas de quoi s'acheter un habit,

Sans se faire annoncer, parut en sa présence.

Ses haillons, son air triste, ont blessé son orgueil.

 « Quel est cet importun, dit-il, et quel accueil

« Veut-il que ma grandeur fasse à son insolence? »

Quoique fort étonné de tant de suffisance,

L'autre allait riposter sans doute avec aigreur,

   Lorsque le chien du bourgeois grand-seigneur

Avec lui tout-à-coup renoua connaissance ,

   Et le vengea d'un excès de froideur.

« Pauvre Azor, lui dit-il, tu vaux mieux que ton maître,

   « Car tu viens de me reconnaître

« Et tu t'es souvenu de mes soins caressants.

« Lui, n'obéissant plus qu'à sa morgue insensée,

« Repousse avec mépris un ami de vingt ans.

« Je pars, mais avec moi j'emporte la pensée

« Qu'il est encore ici des cœurs reconnaissants. »

LA FEMME DU POÈTE.

Un jeune auteur veillait dans sa mansarde
Près d'un grabat, où Lise l'attendait ;
De sa froideur cette épouse égrillarde
Avec tendresse en ces mots se plaignait :
  « Qu'attendez-vous des Filles de mémoire
  « Qui, plus que moi, puisse vous attacher ?
  « Vous négligez les amours pour la gloire ;
  « Il est minuit, venez donc vous coucher.

  « A quoi vous sert d'invoquer votre muse ?
  « D'un fol espoir votre cœur est épris ;
  « Mille envieux demain, ou je m'abuse,
  « De vos travaux contesteront le prix.

« Vous m'oubliez, pour suivre une chimère,
« Dans un chemin où j'en vois tant broncher.
« L'ennui me prend sur ce lit solitaire ;
« Il est minuit, venez donc vous coucher.

« De nos abus faites-vous une esquisse
« Pour déjouer d'infâmes oppresseurs ?
« C'est bien à vous, mais de notre police
« Craignez, Monsieur, d'exciter les rigueurs ;
« Le plus adroit manque de prévoyance,
« Blâmant le mal, qu'il voudrait empêcher.
« Des grands du jour redoutez la vengeance ;
« Il est minuit, venez donc vous coucher.

« Quoi ! seriez-vous insensible à mes larmes ?
« Ah ! je comprends, la joie est dans vos yeux :
« Du Dieu d'amour vous retracez les charmes,
« Et votre esprit s'égare dans les cieux.
« Mais les plaisirs que cet enfant procure,
« Sans se donner le soin de tant chercher,
« On peut les peindre ici d'après nature ;
« Il est minuit, venez donc vous coucher. »

AMITIÉ.

BOUTADE.

> Il faut tant de rencontres à la
> bastir, que c'est beaucoup si la
> Fortune y arrive une fois en trois
> siècles.
>
> *Montaigne.*

Amitié ! mot fatal que l'intérêt prononce ;
Mot qui trouve toujours des cœurs de bonne foi,
Pour lequel trop souvent l'honnête homme renonce
Aux biens qu'il s'est acquis et qu'exploite le *Moi ;*
Feu follet qu'on poursuit comme une chose rare,
Qui nous conduit bien loin, puis enfin nous égare :
Pourquoi donc ces autels qu'on te dresse ? pourquoi ?

Pourquoi ? C'est que ce nom séduit comme un beau rêve,
Qu'il s'empare du cœur, l'ennoblit et l'élève
Vers un Dieu dont il est une émanation ;
C'est que tout être aimant cherche un être qui l'aime,
Un être sympathique en tout second lui-même,
Qu'il attendra longtemps de la création.

Pourquoi ? C'est que parfois le sort nous est contraire,
Qu'une secrète voix nous dit alors : « *Espère !*
« Dieu créa les humains pour s'entre-secourir ;
« Reste dans le chemin où passe l'opulence,
« Et sois sûr que bientôt ton extrême indigence,
« Tes soupirs et tes pleurs, tout cela va finir. »

Pourquoi ? C'est que jamais rien n'éteint, dans notre ame,
Un feu dont la vertu nourrit la sainte flamme,
Malgré tous les travers qu'on éprouve ici-bas ;
C'est qu'il faut qu'il nous trompe et qu'il nous trompe encore,
Celui dont l'union pour un temps nous honore,
Pour croire enfin qu'il est ce qu'il ne paraît pas.

LE DÉSAPPOINTEMENT.

On criait un jour sur la place :
« Charles enfin ne règne plus !
« Avec le monstre que l'on chasse
« Disparaîtront tous les abus ;
« Le peuple est excellent prophète,
« C'est Dieu qui parle par sa voix. »
Je le croyais, que j'étais bête !
Tout n'est-il pas comme autrefois ?

« Du temple de nos mandataires,
Dit alors un original,
« Des décrets exempts de mystères
« Sortiront pour saper le mal ;

« Après une affreuse tempête,
« Le calme naîtra de nos lois. »
Je le croyais, que j'étais bête !
Tout n'est-il pas comme autrefois ?

« Plus de passe-droits, plus de grâces
« A tous les sots ambitieux ;
« Ceux qui détestent les grimaces
« Seront traités comme des Dieux. »
L'espoir s'est logé dans ma tête,
Mais je décompte sur mes doigts.
Hélas ! bon Dieu, que j'étais bête !
Tout n'est-il pas comme autrefois ?

On croit tout ce que l'on désire,
Et, quand cet oracle ajoutait :
« Les journaux n'auront rien à dire. »
De plaisir mon cœur palpitait ;
J'espérais (pour moi quelle fête !)
N'y voir que des contes grivois.
Mon Dieu, mon Dieu, que j'étais bête !
Tout n'est-il pas comme autrefois ?

Rencontre-t-on moins d'hypocrites
Depuis les trois glorieux Jours,

Moins de ces flatteurs parasites
Dont on doit craindre les discours ?
L'oubli seul passe sur la tombe
De ceux qui sont morts pour nos droits (3).
On se croyait libre, on succombe !
Sommes-nous donc mieux qu'autrefois ?

L'ENFANT ET LE MENDIANT.

APOLOGUE.

Malum auctori pessimum.

Eraste.

Un jour, certain enfant, ennemi du savoir,
Préférait à l'école une place publique.
    Là , son plaisir était de voir
Les bonds multipliés d'une balle élastique.
Tandis qu'à la lancer, puis à la recevoir
    Ce petit paresseux s'applique ,
Un pauvre mendiant, inspirant le respect,
Passe tout près de lui , courbé sous sa besace.
Loin d'ôter son chapeau, le drôle, à son aspect,
Se met à faire une horrible grimace ;

Puis, aussi prompt qu'un écureuil,
Par un trait plus méchant bientôt il se signale :
Il mire le vieillard, l'attrape..., mais la balle
Revient sur elle-même et lui fait perdre un œil.

Du bien soyons les apôtres :
S'il coûte tout d'abord, plus tard ses fruits sont doux ;
Mais le mal que parfois nous voulons faire aux autres,
Plus terrible, toujours retourne contre nous.

MISERIS SOLATIA.

J'ai vu jadis le char de la Fortune,
Sans s'arrêter, passer tout près de moi.
A mon destin dois-je garder rancune ?
Vivre et mourir est la commune loi.
Sous ces habits troués par la misère,
Je ris des grands : l'homme à l'homme est pareil.
Ainsi que moi, tous iront dans la terre ;
Ainsi qu'eux tous, j'ai ma part du soleil.

Quoi ! j'entends dire autour de moi sans cesse :
Pour eux la vie est un chemin de fleurs,
Et les chagrins d'une affreuse détresse
N'ont à leurs yeux jamais coûté de pleurs.

Mais, répondez : Dans cet état prospère,
En s'endormant sont-ils sûrs du réveil ?
Ainsi que moi, tous iront dans la terre ;
Ainsi qu'eux tous, j'ai ma part du soleil.

— Pour eux, au moins, les honneurs et la gloire
Sont des plaisirs à votre ame inconnus ;
Leurs noms plus tard enrichiront l'histoire,
Lorsque de vous on ne parlera plus.
— Ah ! si toujours l'obscurité m'est chère,
C'est que du temps j'ai souvent pris conseil.
Ainsi que moi, tous iront dans la terre ;
Ainsi qu'eux tous, j'ai ma part du soleil.

— Vous n'aurez point comme eux un mausolée
En pierre fine, en marbre, ou mieux encor..
— Non, sur ma tombe, en un coin isolée,
Nul ne viendra mentir en lettres d'or.
Qu'importe à moi qu'à l'entour de leur bière
L'orgueil déploie un pompeux appareil ?
Ainsi que moi, tous iront dans la terre ;
Ainsi qu'eux tous j'aurai vu le soleil.

LES CINQ DOIGTS D'ANNETTE.

Eh ! quoi, tu veux, charmante Annette,
Que ma muse toujours discrète,
Aujourd'hui plus libre en ses vers,
Des cinq doigts de ta main blanchette
Dépeigne les emplois divers ?
Soit, j'y consens, car pour te plaire
Rien ne me coûte assurément ;
Mais qu'un baiser soit le salaire,
Sinon de l'auteur, de l'amant.
Ce pouce, plein de gentillesse,
A tes autres doigts sert d'appui ;
Il les dirige, et c'est de lui
Qu'ils tiennent toute leur souplesse.

Précieux doigt, depuis le jour
Où, dans l'ardeur qui te consume,
Il a si bien guidé la plume
Qui m'assura de ton amour.
En dois-je dire davantage
Pour faire connaître à ton cœur
Combien ce doigt régulateur
Était digne de mon hommage ?
Mais cet amour que tes beaux yeux
Avaient excité dans mon ame,
Ces transports, cette douce flamme,
Devaient me rendre malheureux.
J'ai craint que ce bonheur suprême,
Qu'on ne voudrait que pour soi-même,
Fût partagé par un rival ;
Et ton index montra Dorval.
Je lui dus, malgré ma surprise,
Le terme heureux de tous mes maux,
Car s'il fait connaître, il méprise ;
C'en fut assez pour mon repos.
On m'a dit à quel exercice
Une fillette peu novice
Exerçait son doigt du milieu.
Je critiquai fort cet usage ;
Pourtant ce n'est qu'un badinage,
Une misère, un petit jeu.

Peut-être eus-je mieux fait d'en rire ;
Mais je me trompe ou tu rougis,
Le tien craindrait-il la satire ?
Rassure-toi, je m'adoucis.
Vite, passons à l'annulaire.
Assurément c'est le plus beau :
Comme il fait briller cet anneau,
Symbole d'une ardeur sincère !
Il me rappelle ces moments,
Où, toute prête à me le rendre,
Il fallait plus que mes serments
Pour te forcer à le reprendre.
Oui, chère Annette, excuse-moi ;
J'avais beau te dire : « Je t'aime ! »
Tu prenais un plaisir extrême
A mieux t'assurer de ma foi.
Qu'elle ne soit jamais trahie !
C'est le seul désir de mon cœur.
Aimons-nous toute notre vie ;
L'amour, n'est-ce pas le bonheur ?
Et, si quelque jour je sommeille
Et qu'un autre, par ses discours,
Cherche à m'enlever mes amours,
Du petit doigt ferme l'oreille.

JE VAIS T'ATTENDRE AUX CIEUX.

ROMANCE.

Musique de M. Legrand.

Dieu va bientôt exaucer ma prière,
Je vais mourir ; Lise , console-toi :
Je souffrais tant sur cette pauvre terre !
Toi seule, hélas ! avais pitié de moi.
Demain viendront les pleurs et les louanges,
Mais à quoi bon ? j'aurai fermé les yeux.
L'amour, ma chère, est le bonheur des anges :
Embrassons-nous , je vais t'attendre aux cieux.

Je n'ai jamais fait de mal à personne,
Et tu m'as dit : « Les méchants seuls un jour
« Seront punis. » Prions qu'on leur pardonne,
Comme à tous ceux qui blâmaient notre amour.
Du ciel pour eux implorons la clémence ;
La haine est mal dans les cœurs oublieux.
Adieu, pour moi l'éternité commence :
Embrassons-nous, je vais t'attendre aux cieux.

Embrassons-nous, quelle douleur t'accable ?
Je sens mon sein tout mouillé de tes pleurs ;
La mort, crois-moi, n'a rien de redoutable :
Quest-ce après tout ? un terme à nos malheurs.
Un jour encore, et peut-être ton ame,
Comme la mienne, aura quitté ces lieux ;
Mais de mes jours je vois finir la trame :
Embrassons-nous, je vais t'attendre aux cieux.

LE BERGER ET SON CHIEN.

Une cruelle maladie,
Presque incurable, disait-on,
Privait chaque jour d'un mouton
Certain berger de Normandie.
Le pauvre homme dépérissait,
Tant il était inconsolable !
Son chien, au rebours, jouissait
De voir la mort impitoyable,
Car toujours on lui destinait
Chaque animal qui trépassait.
Excellente il trouvait leur graisse;
Mais le rusé savait fort bien
Qu'en un tel moment de détresse.
Il devait, pour n'y perdre rien,

Dissimuler son allégresse.
Il le fit avec quelque adresse,
Mais un chien est toujours un chien.
Or, un jour, une brebis grasse,
Qui semblait devoir échapper
Au fléau fondant sur sa race,
Soudain s'en vit aussi frapper.
Bientôt elle cessa de paître ;
C'était signe d'un grand malheur.
Le chien, voyant pleurer son maître,
Tâcha d'imiter sa douleur.
Mais il poussa trop loin la plainte ;
Alors notre berger lui dit :
« Je vois que ta tristesse est feinte,
« Et que, songeant à ton profit,
« Tu n'as maintenant d'autre crainte
« Que ma brebis', du mal atteinte,
« N'échappe à ton grand appétit. »

Ainsi peut-être qu'à cette heure,
En attendant qu'un parent meure,
Plus d'un pauvre héritier, qui pleure,
Porte en lui-même un cœur qui rit.

J'AI BESOIN DE PLEURER.

ROMANCE.

Musique de M Chemin.

> O malheur d'aimer sur la terre,
> S'il n'était plus rien au-delà!
> *Madame A. Tastu.*

De noirs chagrins sont mon partage ;
Que m'importe l'azur des cieux?
Lorsque le vent souffle l'orage,
Mon cœur, je crois, respire mieux.
Je ne demande qu'un lieu sombre
Où je puisse me retirer ;
Me refuserez-vous la solitude et l'ombre?
Oh! pour Dieu, laissez-moi, j'ai besoin de pleurer.

Vous à qui toujours l'espérance
Présage un riant avenir,

Pour apprécier ma souffrance
Il vous faudrait la ressentir.
Le plus grand malheur qu'on déplore
Au mien ne se peut comparer :
Hier il était là, je l'embrassais encore !
Oh ! pour Dieu, laissez-moi, j'ai besoin de pleurer.

Les roses dont j'ornais ma tête
Sont maintenant sur un cercueil,
Et désormais vos jours de fête
Seront pour moi des jours de deuil ;
Pour lui je voulais être belle,
Pour lui j'aimais à me parer ;
Ainsi que mon amour, ma peine est éternelle.
Oh ! pour Dieu, laissez-moi, j'ai besoin de pleurer.

Mort ! ô mon Dieu, de ta justice
Quoi ! j'ai pu douter aujourd'hui ?
Pardon, je t'offre en sacrifice
Tout ce qui m'est cher après lui ;
Il est au ciel avec tes anges,
Qui se pressent pour l'entourer,
Et moi, quand sur la terre on chante ses louanges,
A peine si je trouve un endroit pour pleurer.

LE DIABLE N'EST PAS MORT (4).

Un auteur fort recommandable,
Moitié plaisant, moitié chagrin,
Dit que Saint-Ignace du Diable
Un jour empoisonna le vin.
Satan mourut, s'il faut l'en croire.
Vous qui pleuriez à ce rapport,
Gens d'église, c'est une histoire:
Rassurez-vous, le Diable n'est pas mort.

Fatigué de mugir dans l'ombre,
Il a pris son essor vers nous,
Laissant dans le royaume sombre
Diablotins, serpents et hiboux.

A loisir changeant de figure,
Aux méchants il prête renfort;
Il est guidé par l'imposture;
Rassurez-vous, le Diable n'est pas mort.

Tantôt, c'est une jeune fille
Qui se rit des plus beaux serments;
Tantôt, un parvenu qui brille
Et fait le mal à nos dépens.
Quelqu'un l'a vu, plein de malice,
Semant partout le désaccord;
Il est bien avec la Police;
Rassurez-vous, le Diable n'est pas mort.

Il n'est pas mort, je vous l'assure,
Chez nous tout l'atteste aujourd'hui;
Pour nous redonner la Censure
La Chambre a fait pacte avec lui (5).
En ses mains, comme diplomate,
L'imprudence a mis notre sort;
On le dit grand aristocrate;
Rassurez-vous, le Diable n'est pas mort.

Les efforts de la Providence,
Qui veille sur notre avenir,

Ne balancent pas la puissance
Du Démon qui veut tout régir.
Ce qu'il n'obtient pas par la crainte
Il peut l'avoir à force d'or ;
Au bien de tous il porte atteinte ;
Rassurez-vous, le Diable n'est pas mort.

Près de lui qu'aurait fait Ignace,
Que l'on a dit son successeur ?
Qu'aurait fait maint autre à sa place,
Plus tartuffe et plus tentateur ?
De ses droits nul encore n'hérite,
Son héritier vous eût fait tort ;
Grands fabricateurs d'eau bénite,
Rassurez-vous, le Diable n'est pas mort.

CANZONETTA.

Sul margine d'un rio,
In grembo all' erbe ai fior,
Ninfa dormir vegg'io,
Que par la dea amor;
Se tanto a me piace
Cosi sua beltâ;
Io perderò la pace,
Quando si sveglierà.

Nella sua man riposa,
La guancia sua gentil,
Vermiglia al par di rosa,
Che spunta su l'april;
Color piu vivace
Di questa non va;
Io perderò la pace,
Quando si sveglierà.

CHANSONNETTE.

IMITATION.

Seule et près d'une rive,
Que Flore enjolivait,
Une beauté naïve
Tranquillement dormait.
Sa grâce est sans pareille,
Dis-je au fond de mon cœur ;
Si quelque bruit l'éveille,
Adieu tout mon bonheur !

Belle comme la rose,
Qui fleurit au printemps,
Sa tête se repose
Sur ses jolis doigts blancs.
Quelle couleur vermeille !
Oh ! spectacle enchanteur !
Si quelque bruit l'éveille,
Adieu tout mon bonheur !

LE JEUNE HOMME ET L'HIRONDELLE.

Une imprévoyante hirondelle
Chez nous de quelques jours devança le printemps,
Et, comme elle arrivait en un jour de beau temps,
Certain jeune homme, imprévoyant comme elle,
S'écria : « Plus de glace ! Adieu neiges et vents !
« La chaleur, m'a-t-on dit, fait naître la vermine :
« Or, je cours de ce pas vendre à quelqu'un mes gants
    « Et mon manteau doublé d'hermine.
« Je veux, avec l'argent qui doit m'en revenir,
« Vivre suivant mes goûts, me donner du plaisir. »
Il vendit en effet chèrement sa fourrure ;

Le prix qu'il en tira tout-à-coup disparut;
Mais quel fut son regret, lorsqu'il vit la froidure
Une seconde fois attrister la nature.
Rien pour s'en préserver!... On dit qu'il en mourut.

O vous que l'apparence aisément peut séduire,
Vous voyez quel danger suit parfois trop d'espoir.
        Tenez-vous à bien vous conduire?
Songez que le soleil, que le matin voit luire,
        Peut disparaître avant le soir.

À Mme C * * *.

Vous vous plaignez de votre époux :
A vos yeux, charmante Corinne,
Il est indifférent, jaloux,
Et trop souvent d'humeur chagrine.
Hélas ! combien se vengeraient
D'une telle maussaderie ! ! !
D'autres vous le conseilleraient ;
Loin de moi cette effronterie !
Mais si, *de son chef,* quelque jour
Ce cœur trompé dans sa croyance,
Et dont je conçois la souffrance,
Fatigué d'aimer sans retour,
Devait se donner, par vengeance,
A quelqu'un comprenant l'amour,
Accordez-moi la préférence.

VERSEZ TOUJOURS.

Musique de M. Legrand

Descendant de Grégoire.,
Justement honoré ,
J'aurais honte de boire
En fils dégénéré.
Le vin d'Aï pétille ;
Jours de bonheur sont courts !
Déjà la gaîté brille :
Amis, versez toujours.

Du doux jus de la treille
Admirez le pouvoir !
Il dissipe à merveille
Le chagrin le plus noir ;

D'une vie expirante
Il prolonge le cours.
La mienne est languissante :
Amis, versez toujours.

Quel buveur ne confesse
Des bienfaits aussi grands ?
Il rend à la vieillesse
La vigueur du printemps ;
Il donne de la grâce
Aux esprits les plus lourds,
Aux poltrons de l'audace :
Amis, versez toujours.

Fi de la politique
De nos grands orateurs !
Bien mieux que la logique,
Le vin gagne les cœurs ;
Le vin que je vous chante
Vaut seul tous les discours.
De peur qu'il ne s'évente,
Amis, versez toujours.

Faites asseoir Julie,
Qui sourit à l'écart ;

Que de notre folie
Elle ait aussi sa part.
Bacchus, que je révère,
Est parent des Amours.
Le Plaisir est leur frère :
Amis, versez toujours.

Tous les vins que je goûte
Sont suaves et doux ;
C'est un bonheur sans doute
Que vous partagez tous.
Mais quoi ! ma voix s'altère !
Venez à mon secours ;
Tenez, voìci mon verre :
Amis, versez toujours.

Versez, c'est ma devise ;
Versez ce jus divin ;
Versez, si la franchise
Se boit avec le vin.
La Parque impitoyable
Dispose de nos jours !
On peut mourir à table :
Amis, versez toujours.

A M. DELORIER,

APRÈS AVOIR LU UNE DE SES CHANSONS AYANT POUR TITRE :

LE FOU.

Ami, j'ai vu dans ta folie
Cent traits dictés par la raison,
Pointes d'esprit, philosophie,
Et de vrais fous mis en chanson ;
Conserve toujours ce délire,
Chante toujours du même ton :
Je t'affranchis de la satire
Et des loges de Charenton.

LES COLOMBES, LE VAUTOUR ET L'AIGLE.

FABLE IMITÉE D'ÉSOPE.

Au sein du plus charmant séjour
Que l'on puisse trouver sur terre,
Des Colombes souffraient naguère
D'une injuste et pénible guerre,
Que leur faisait certain Vautour.
Ainsi leurs douces habitudes,
Les plaisirs d'un constant amour
Et ses tendres sollicitudes,
Faisaient place aux inquiétudes
Qu'il leur inspirait chaque jour.

Près de cet oiseau redoutable,
Toutes cent fois avaient frémi.
La place n'était plus tenable ;
Il leur fallait un chef capable
De vaincre un pareil ennemi.
Or, dans ce but, nos Colombelles,
Ayant soudain jeté les yeux
Sur l'oiseau favori des Dieux,
Lui députèrent deux d'entre elles.
L'Aigle les reçut de son mieux ;
Il leur promit de les défendre.
Mais, avant tout, il voulait prendre
Connaissance exacte des lieux :
« Pour combattre avec assurance,
« Quand viendrait l'instant du péril,
« Il était prudent, disait-il,
« De bien apprécier d'avance
« Jusqu'où s'étendait leur puissance
« Contre un adversaire aussi fort ;
« En écartant les plus timides,
« Les plus jeunes, les invalides,
« Combien en restait-il encor
« Capables d'un sublime effort ?... »
Pour toute réponse à ce thème,
Nos deux Colombes, poliment,
L'invitèrent soudainement

A venir tout voir par lui-même.
L'Aigle ne se fit pas prier.
Tout-à-coup, déployant ses ailes,
Il suivit nos deux Tourterelles
Vers le malheureux colombier,
Où, palpitantes et plaintives,
Peut-être plus de cent captives,
Redoutant le cruel Vautour,
Aspiraient après le retour
De nos messagères craintives.
Leur aspect dissipa le deuil
Auquel toutes étaient en proie.
L'Aigle reçut un bon accueil,
Et sembla partager leur joie ;
Mais le traître, au fond de son cœur,
Nourrissait un dessein perfide.
On le prit pour un bienfaiteur,
Et cette nation candide,
Croyant voler sous son égide
Contre un ennemi destructeur,
Fournit à son instinct avide
Les éléments d'un grand malheur.
Il voulut faire l'orateur ;
On se rassembla pour l'entendre ;
Il prit un accent doux et tendre,
Leur parla de son amitié.

Mais ce n'était qu'un artifice,
Car, dès qu'il vit l'instant propice,
Il les dévora sans pitié.

Il m'est difficile de croire
Que mon livre me survivra ;
Mais, si l'on garde la mémoire
Des vers que le ciel m'inspira,
Plus d'un peuple reconnaîtra
Que cette fable est son histoire.

CROQUE-MITAINE (6).

Votre intérêt vous condamne au silence :
Paix donc là-haut ! parlez plus bas, enfants !
Vous ne comptez que quatre ans d'existence,
Et vous voulez déjà faire les grands.
Mais, je le sens, pour vous ma voix est vaine ;
J'ai beau crier, vous ne m'écoutez pas.
Non loin d'ici j'ai vu Croque-Mitaine,
Et je l'entends qui murmure tout bas.

Vous méprisez tout conseil salutaire,
Et, n'écoutant que votre volonté,
Vous insultez sans pitié votre mère,
Qu'avec orgueil on nomme Liberté.

Ses vrais amis vous verront-ils sans haine,
Eux qui pour elle ont bravé le trépas ?
Non loin d'ici j'ai vu Croque-Mitaine,
Et je l'entends qui murmure tout bas.

On vous combla de tous les avantages :
Places, honneurs, argent, croix et cordons...
Que sais-je encore ? En êtes-vous plus sages ?
A quoi de grâce ont servi tous ces dons ?
La France expire... On se souvient à peine
Qu'elle a jadis primé tous les états.
Non loin d'ici j'ai vu Croque-Mitaine,
Et je l'entends qui murmure tout bas.

Ce que je dis n'admet point de réplique :
Retenez donc vos esprits turbulents ;
Vous réveillez jusqu'à la République,
Qu'on croyait morte, hélas ! depuis longtemps.
« Fi ! dites-vous, ce n'est qu'une ombre vaine... »
Au moins, enfants, vous ne m'en voudrez pas.
Non loin d'ici j'ai vu Croque-Mitaine,
Et je l'entends qui murmure tout bas.

Petits mutins d'une espèce nouvelle,
Quand je devrais passer pour insensé,

Je crois vraiment vous témoigner mon zèle,
En vous disant : « Consultez le passé.
« Reportez-vous à la grande semaine :
« Le peuple alors punit d'autres ingrats ! »
Non loin d'ici j'ai vu Croque-Mitaine,
Et je l'entends qui murmure tout bas.

LE GANT TROUVÉ (7).

A qui le gant que, d'aventure,
J'ai rencontré sur mon chemin?
Il est charmant, je vous assure,
Mais qu'est-ce qu'un gant sans la main?
Pauvre main, tu dois souffrir nue;
Le dégel n'est pas arrivé.
Ah! montrez-moi, belle inconnue,
La main du gant que j'ai trouvé.

Elle doit être bien mignonne,
Bien petite et bien blanche aussi;
Pour elle je me passionne,
Et crois bien faire, Dieu merci!

Oui, je suis certain qu'à sa vue
Mon esprit serait captivé.
Ah ! montrez-moi, belle inconnue,
La main du gant que j'ai trouvé.

Profitant de la circonstance,
Je n'en voudrais point abuser ;
Trop heureux, si, pour récompense,
On m'y laissait prendre un baiser.
Accordez à mon ame émue
Tout le bonheur qu'elle a rêvé.
Ah ! montrez-moi, belle inconnue,
La main du gant que j'ai trouvé.

LE POITRINAIRE.

Demain, trente ans ! Comprends-tu, jeune fille,
Que mon arrêt est dans ce mot : Trente ans !
Fuis loin de moi; fuis, toi dont le front brille
D'un vif éclat que j'enviai longtemps.
Entre nous deux, oh ! quelle différence :
A toi les fleurs, la joie et l'avenir !
A moi la mort ! mais avant, la souffrance...
Qu'un jour est long, quand on se voit mourir !

Pour qui, dis-moi, ces rubans et ces roses?
Par tes atours crois-tu fléchir mon cœur ?
Oh ! si c'est là ce que tu te proposes,
L'amour sert mal tes projets de bonheur.

Si quelque flamme en mon sein pouvait naître,
Tu cèderais bien vite au repentir,
Car dès demain, dans une heure peut-être...
Qu'un jour est long, quand on se voit mourir !

Aperçois-tu cette feuille jaunie
Qu'un peu de sève à l'arbre fixe encor ?
Attends un jour, tu la verras sans vie
Se détacher... Hélas ! tel est mon sort !
En vain longtemps une voix consolante
Désabusa mon cœur las de gémir.
Un jour de plus tromperait mon attente...
— Il dit et meurt... Rose l'a vu mourir.

LE JEUNE HOMME ET LE VOLEUR.

FABLE IMITÉE D'ÉSOPE.

Sous des tilleuls plantés à deux pas de la Seine,
Un jeune homme, bien mis, se livrait au repos,
　　Lorsqu'un voleur, et robuste et dispos,
L'aperçoit par hasard et se dit : « Bonne aubaine !
« On porte rarement un habit aussi fin,
« Sans avoir dans sa bourse une assez ronde somme. »
Lorsqu'il parlait ainsi, le jeune citadin
Se réveille en disant : « Que j'ai fait un bon somme ! »
Mais il voit le voleur, et, son intention
Paraissant clairement peinte sur sa figure,
Notre jeune homme en tire un fort mauvais augure.
　　Il feint alors beaucoup d'affliction.

« Pourquoi, dit le voleur, pleurez-vous de la sorte ?

 « Quand votre mère aujourd'hui serait morte,

« Vous n'en sauriez montrer un deuil beaucoup plus fort. »

« — Oh ! Monsieur, Dieu merci, ma mère vit encor,

Répond-il, affectant une douleur plus grande ;

 « Mais je crains fort sa réprimande.

« Elle m'avait donné trois belles pièces d'or,

« Me recommandant bien d'en faire bon usage.

 « C'était, je crois, tout son trésor...

« Tout à l'heure, en jouant sur les bords du rivage,

« J'ai vu, Dieu, quel malheur ! J'ai vu..., j'ai vu soudain

« Ce fruit de son travail s'échapper de ma main ,

« Rouler et s'engloutir à jamais dans ce fleuve... »

Le jeune homme, à ces mots, feignit tant de douleur,

Que son mensonge adroit fut pris par le voleur

Pour la vérité même, et tout-à-coup, pour preuve,

Il s'élance habillé dans le gouffre profond.

 Tandis qu'il plonge et cherche au fond

 Les objets de sa convoitise,

En un clin d'œil, l'autre gagne les champs.

Pour échapper aux projets des méchants,

 Petite ruse est bien permise.

LE COUCOU.

La nature s'est ranimée
Au souffle d'un nouveau printemps ;
Chez toi ne sois plus enfermée :
Avec moi, Rose, viens aux champs !
Le ciel est pur, l'herbe est fleurie,
Partout plaisir, bonheur partout !
De retour d'une autre patrie,
Dans les bois un oiseau nous crie :
        Coucou !
Ah ! viens entendre le Coucou.

Cet oiseau, qui n'en saurait faire,
D'un autre en secret prend le nid,

Ainsi de ton époux, ma chère,
N'usurpa-t-on jamais le lit?
Sur le duvet de sa couchette,
Je crois qu'on se plairait beaucoup.
Oh ! si quelque soir, en cachette,
J'y pouvais faire une conquête ...
          Coucou !
Allons entendre le Coucou.

Dirigeons nos pas vers l'ombrage :
Sous la feuillée on est si bien !
On a des secrets à ton âge,
Dans mon cœur épanche le tien.
Assis tous deux sous ce vieux chêne,
Conte-moi tes maux jusqu'au bout ;
De l'hymen tu maudis la chaîne ?
Ne saurais-je alléger ta peine ?
          Coucou !
Entends-tu le chant du Coucou ?

Là-bas, ce papillon, qui vole,
Sans le savoir instruit nos cœurs ;
Il va de corolle en corolle,
Il caresse toutes les fleurs.
La constance est une folie,
Elle fait naître le dégoût ;

Pour rompre le nœud qui te lie,
Un Dieu t'a fait naître jolie...
  Coucou !
Entends-tu le chant du Coucou ?

Une autre voix se fait entendre.
C'est le Rossignol à son tour,
Qui par ses chants nous fait comprendre
Ce que nous devons à l'amour.
A ce Dieu quand tout rend hommage,
Rester froid, serait être fou ;
Un sourire d'heureux présage
Colore ton joli visage...
  Coucou !
Que j'aime le chant du Coucou !

CONSOLATIONS.

Vous qui prononcez l'anathème
Quelquefois contre Dieu lui-même,
Lorsque vous voyez ici-bas
Un riche, tout chargé de crimes,
Se soustraire aux nombreux abîmes
Ouverts pour vous à chaque pas,
Mettez un frein à la colère
Qui sans cesse vous exaspère ;
Car il est un remords vengeur ;
Car, j'en suis sûr, la conscience
De ce riche, que l'on encense,
N'évite point ce ver rongeur ;
Car plus d'un souvenir le touche,
Et tout sourire de sa bouche
N'est qu'un mensonge de son cœur.

Malheureux, je suis votre frère,
Et, dans mon extrême misère,
Privé d'espoir, je me suis dit :
« Sans doute le Seigneur m'oublie,
« Car près de moi je vois l'impie
« Auquel la fortune sourit ;
« Il n'existe point de justice,
« Car je vois s'engraisser le vice
« Aux dépens de la probité. »
Mais plus j'y songe, plus je trouve
Que l'Éternel, qui nous éprouve,
Doit dire un jour, dans sa bonté :
« Aux méchants l'oubli de leurs crimes,
« Puis aux bons, trop longtemps victimes,
« Le bonheur pour l'éternité ! »

PLAINTES D'UN PETIT OISEAU.

Sur un buisson de la montagne,
Dans vos rets, vous m'avez surpris,
Quand j'apportais à ma compagne
Des vivres pour nos chers petits ;
Puis, afin de calmer ma rage,
Par vous je fus longtemps fêté ;
Mais les douceurs de l'esclavage
Ne valent pas la liberté.

Vous m'avez dit : « Pourquoi te plaindre,
« Pauvret ? Ton bonheur est certain :
« Désormais tu n'as plus à craindre
« Le vautour, l'hiver ni la faim. »

Mais qui me rendra le bocage ,
Témoin de votre cruauté ?
Non , les douceurs de l'esclavage
Ne valent pas la liberté.

Sur trois faibles rameaux penchée ,
Vainement espérant toujours ,
Qui prendra soin de ma nichée ?
Qui consolera mes amours ?
Qui leur dira que cette cage
Me verra mourir de fierté ?
Non , les douceurs de l'esclavage
Ne valent pas la liberté.

Peuples, pour apaiser vos haines ,
Vos rois , de leur pouvoir jaloux ,
Ont fait briller l'or sur vos chaînes :
Et vous les flattez , à genoux !
Dans son droit puisant son courage,
Un de vous s'est-il révolté?
Vous avez dit : « Notre esclavage
« Vaut bien mieux que la liberté. »

LE FOSSOYEUR.

Air : Bonjour mon ami Vincent.

« Chers enfants, consolez-vous,
« Car toujours la mort moissonne :
« Grands, petits, sages et fous,
« Sa faulx n'épargne personne.
« La cruelle, je le sais bien,
« Au prix d'autrefois, ne produit plus rien ;
« Heureusement qu'on déraisonne.
« Ailleurs qu'à la Chambre où tout passera (8).
« Mais le Choléra,
« Qui nous le rendra ?
« Quel fléau jamais le remplacera ?

« Au ciel, et toujours en vain ,

« S'envole notre prière ;

« Nous n'avons ni feu, ni pain ,

« Mon cœur cependant espère.

« Le poison se vend au rabais ,

« L'homœopathie a fait des progrès (9).

« Les sots flattent cette chimère,

« Et notre avenir s'en ressentira.

 « Mais le Choléra,

 « Qui nous le rendra ?

« Quel fléau jamais le remplacera ?

« Pour nous trouver plus heureux,

« Remarquez que l'indigence

« Par nos riches vaniteux

« Est fort mal traitée en France.

« Les impôts sont exorbitants,

« Car il faut tant d'or à nos gouvernants !

« Oui, pour moi, j'en ai l'espérance,

« Le peuple bientôt de faim périra.

 « Mais le Choléra,

 « Qui nous le rendra ?

« Quel fléau jamais le remplacera ?

« J'oubliais que, chaque jour,

« Mainte promesse perfide ,

« En politique, en amour,

« Conduisait au suicide.

« Plus d'un honnête homme, ici-bas,

« Préfère à la honte un noble trépas ;

« Souvent du sort l'honneur décide :

« Cela fut toujours et toujours sera.

    « Mais le Choléra,

    « Qui nous le rendra ?

« Quel fléau jamais le remplacera ?

    « La Grippe, sa pauvre sœur,

    « Sur la France vient de fondre ;

    « Mais on dit que sa rigueur

    « Ne se fait sentir qu'à Londre (10).

    « Pour un rien, en dépit du sort,

« J'irais m'établir dans ce coin du Nord,

    « Si quelqu'un pouvait me répondre

« Qu'un bon mois encor ce mal durera.

    « Oh ! le Choléra,

    « Qui nous le rendra ?

« Quel fléau jamais le remplacera ? »

LES ENFANTS DU FOSSOYEUR.

    « Nous n'avons plus aujourd'hui

    « Ce bon fléau des barbares ;

« Quel mal font, auprès de lui,

« Nos fluxions, nos catarrhes ?

« D'un rhume soyez agité,

« Un sou de jus noir vous rend la santé ;

« Les décès vraiment sont bien rares ·

« Sur quinze de pris un succombera.

« Oh ! le Choléra,

« Qui nous le rendra ?

« Quel fléau jamais le remplacera ? »

L'AIGLE ET LA CORNEILLE.

FABLE IMITÉE D'ÉSOPE.

Un jour le roi des airs tentait d'ouvrir une huître,
    Pour en extraire, s'il pouvait,
    L'aliment qu'elle renfermait.
Il y perdit son temps, s'il n'y perdit son titre.
« Jeûner près d'un bon mets, se disait-il tout bas,
« C'est affreux, quand surtout l'appétit se réveille. »
« — Ne vous désolez point, » lui dit une Corneille,
    Qui l'observait à quelques pas,
« Je sais un bon moyen de réduire en éclats
« L'huître que vainement vous pressez dans vos serres.
« Écoutez mes conseils : vous ne tarderez guères
    « A sortir de votre embarras !

« Portez à votre bec cet objet vers la nue,
  « Et, quand vous me perdrez de vue,
  « Laissez-le tomber sur ce roc.
« Plus il viendra de loin, plus grand sera le choc,
« Et plus certaine aussi sera la réussite. »
Ce qui fut dit fut fait. Comme un aréolite,
  Du ciel bientôt l'huître tomba,
Et ne laissa plus voir qu'une chair blanche et fine ;
  Notre commère la goba,
Et s'en fut aussitôt vers la forêt voisine.

Sous le prétexte adroit d'augmenter notre bien,
Nous voyons tous les jours certains agents d'affaires
Nous donner des conseils qu'ils disent salutaires ;
Mais, à la fin du compte, ils trouvent le moyen,
D'imiter la Corneille, en ne nous laissant rien.

AVIS A QUELQUES AUTEURS PATRIOTES.

A nos gouvernants votre muse
Conseille la légalité :
C'est un grand tort qu'en vain excuse
Votre amour pour la liberté.
Messieurs, prêchez donc l'arbitraire
Pour tout un peuple né vassal.
Vous n'entendez pas votre affaire :
Allez mourir à l'hôpital.

Pour déjouer leur politique
J'admire tous vos arguments ;
Mais les efforts de la logique
Désormais seront impuissants.

Est-ce que la raison éclaire
Ceux qui se sont voués au mal?
Vous n'entendez pas votre affaire :
Allez mourir à l'hôpital.

Je leur dirais (bien qu'il m'en coûte !) :
« C'est du despotisme qu'il faut ;
« Il vous est bien permis, sans doute,
« D'augmenter chaque jour l'impôt.
« Si la presse vous est contraire,
« Le remède est tout près du mal. »
Vous n'entendez pas votre affaire :
Allez mourir à l'hôpital.

Du produit de la flatterie
On peut faire de bons repas.
Je sais bien qu'une voix vous crie :
« Tous les flatteurs sont des ingrats! »
Mais plus d'un traître qui prospère
A tous vous donne le signal.
Vous n'entendez pas votre affaire ·
Allez mourir à l'hôpital.

A UNE JEUNE DEMOISELLE

Que votre aveu me soit propice !
Si j'ai bien compris l'autre jour,
Vous m'avez dit qu'un cœur novice
Aurait des droits à votre amour.
Si c'est un cœur tout neuf encore,
Mais qui sent en lui s'enflammer
Un feu divin qui le dévore :
Combien vous devriez m'aimer !

Si c'est un cœur que rien ne touche,
Rien, excepté vos jolis yeux ;

Un cœur que votre belle bouche,
Par un seul mot, peut rendre heureux ;
Si c'est un cœur sensible et tendre
Que vous seule avez su charmer,
Et qui , vaincu , cherche à se rendre :
Combien vous devriez m'aimer !

ANNONCE (11).

Un hommme, d'humeur douce et franche,
Ne comptant guère que trente ans,
Possédant peu, mais en revanche
Ayant encor toutes ses dents;
Pâle et de figure amaigrie,
Citoyen aimant sa patrie,
Pouvant faire un bon père un jour,
S'il trouve, pour le mariage,
Femme à son aise, et surtout sage
En fait de toilette et d'amour;
Grand apôtre de la musique,
Amateur de jolis couplets,
Auquel, pour le genre lyrique,
Béranger promet du succès;

Un homme qui, s'il faut l'en croire,
Voyant sans fruit partir son bien,
Met le certain avant la gloire,
Quand la gloire ne produit rien :
A nos charmantes damoiselles,
Douces, aimables, spirituelles,
Le sus-désigné fait savoir
Que, l'état de célibataire
Le rendant sombre, atrabilaire,
Ce serait pour lui tout bonheur
De rencontrer une héritière,
Ayant qualités pour lui plaire,
Qui voulût sa main et son cœur.
Quant aux nom, prénoms de l'artiste,
On les tait par discrétion.
S'adresser chez le journaliste,
Pour plus ample information.

L'INCENDIE.

Musique de M. Legrand.

Ce n'est point un rêve,
Et bien loin, là-bas,
La flamme s'élève,
Ne la vois-tu pas?
Le son monotone
Du beffroi du lieu
Dans les airs résonne :
  Au feu !

On court, on s'empresse,
J'entends un bruit sourd ;
L'obscurité cesse,
On dirait du jour.

Frère, point de trouble,
Partons… Oh! mon Dieu,
La clarté redouble :
        Au feu!

La foule s'amasse
Et vole au danger ;
Viens!… ce char, qui passe,
Va nous diriger.
Une voix nous crie :
 « Nous sommes trop peu,
 « La source est tarie… »
        Au feu!

Mais tout devient sombre,
Et notre œil surpris
Ne voit plus dans l'ombre
Que quelques débris ;
Une sentinelle
Se tient au milieu ,
Et veille avec zèle
        Au feu.

J'AI MENTI.

A Mme D***, QUELQUE TEMPS APRÈS SON MARIAGE.

Moi qui méprise l'imposture,
Ai-je pu m'écrier un jour :
  « Pour elle, oh ! non, non , je le jure ,
  « Jamais je n'éprouvai d'amour ? »
Jamais !... Et cependant il n'est point une femme
Pour laquelle mon cœur en ait plus ressenti.
  Me pardonnerez-vous, Madame?
       J'ai menti.

En voulant vous tromper, sans doute ,
J'ai cru remplir un saint devoir ;
Je savais trop ce qu'il en coûte
D'aimer sans le plus faible espoir.

Alors je me suis dit : « C'est bien assez qu'un être
« Souffre seul d'un malheur par lui seul pressenti. »
J'aurais pu mieux faire..., peut-être !
J'ai menti.

L'honneur soutenait mon courage,
Il m'a trop fait compter sur moi ;
Je viens détruire mon ouvrage,
Ne pouvant plus feindre pour toi.
D'un passé douloureux dissipons la mémoire,
Car mon ardent amour ne s'est point ralenti.
Mais comment pourras-tu le croire ?
J'ai menti.

LE CHAT ET L'AMATEUR DE FROMAGE.

FABLE.

« Morbleu ! qui donc a pu soustraire le fromage
« Que je tenais caché dans un coin du buffet?
« C'était du Parmesan ! Oh ! je mourrai de rage
« Si l'auteur effronté d'un aussi grand forfait
« Parvient à m'échapper. » Tel était le langage
Que tenait à ses fils un père courroucé.
Le ton dont il parlait surprit peu sa famille ;
On savait que souvent, pour la moindre vétille,
Son esprit susceptible était fort agacé.
On se questionna du regard et du geste,
Et bientôt pour chacun il devint manifeste

5.

Qu'aucun d'eux n'eut jamais le dessein de toucher
    Au mets favori de leur père.
« Eh! mais, dit l'un des fils, pourquoi donc tant chercher?
« Le chat de la voisine en a fait son affaire.
« Tout le monde convient que ce maître escroqueur
« Aux chats de ce quartier ne laisse rien à faire :
« Je gagerais cent francs que c'est votre voleur. »
    Notre vieillard, que ce discours éclaire,
Regrette au fond du cœur ses injustes soupçons.
Pour le croire coupable il avait cent raisons,
Mais réfléchit-on bien lorsqu'on est en colère?
C'est donc au vieux Robin qu'il réserve ses coups.
Tandis que la colère en secret le transporte,
Robin, le vieux Robin paraît près de la porte.
On l'entrouvre, et soudain le prince des matous
Se sent pris dans le piége où son instinct le porte.
J'ai su, par des témoins, qu'on le pressa si fort,
Qu'en moins d'une seconde il y trouva la mort.
Dans cet instant fatal un quidam se présente :
« C'est fort bien fait, dit-il, n'en prenez nul souci ;
« La voisine elle-même en sera très contente.
« Mais c'est trop peu d'un chat : vous devriez aussi
« Assommer Ratapon, car vaut-il davantage?
« Je l'ai vu tout à l'heure emportant un fromage,
« Et, si je n'avais eu les bras embarrassés,
« Je réponds que le drôle eût bientôt lâché prise. »

Le vieillard et ses fils tout décontenancés
    Se regardent avec surprise ;
Mais comment réparer l'effet de leur méprise ?
Dieu seul peut redonner la vie aux trépassés.

Ces exemples souvent sortent du rang des fables ;
Pour les autres, pour nous, soyons honnêtes gens.
La Justice, empressée à punir les méchants,
Croit quelquefois ainsi voir en eux des coupables.

VERS.

An dives omnes quærimus, nemo an bonus.

Publius Syrus.

« Me diriez-vous combien ils donnent à leur fille?

« — Quatre cent mille francs ; qu'en pensez-vous ? »

« —C'est beau !

« J'en sais qui, pour l'honneur d'entrer dans la famille.

« Se contenteraient bien du quart d'un tel cadeau. »

Autrefois on eût dit (voyez comme tout change !) :

« Cet enfant, que demain un prêtre doit bénir ,

« Pour un cœur vertueux aura-t-il un cœur d'ange ?

« Sont-ils faits l'un pour l'autre, et veulent-ils s'unir ? »

C'est qu'on croyait alors, dans le fond de son ame,
Que, pourvu qu'on pût vivre, une sincère flamme
Donnait plus de bonheur que les plus grands trésors ;
C'est qu'on croyait que Dieu punirait toute mère
Qui mettrait, sans pudeur, ses filles à l'enchère ...;
Mais qu'importe aujourd'hui ce qu'on croyait alors !

NE VOIS-TU RIEN VENIR ?

ROMANCE.

Musique de M. Ed. Pillore.

« Vers notre chaumière isolée
« Quelqu'un portera-t-il ses pas ?
« De maux notre mère accablée
« Tombe mourante entre mes bras.
« A peine si sa voix plaintive
« Aura le temps de nous bénir...
« Anna, ma sœur, sois attentive :
« Dis-moi, ne vois-tu rien venir ?

« Qu'elle est douce la destinée
« D'enfants qu'une mère chérit !
« Je la comprends , moi ton aînée ,
« Et mon ame s'en attendrit.
« Mais quand de ce bien Dieu les prive ,
« Ils ne savent que devenir ...;
« Anna , ma sœur , sois attentive :
« Dis-moi , ne vois-tu rien venir ?

« Regarde bien , car voici l'heure ,
« Où le bon pasteur de ce lieu
« Passe devant notre demeure ,
« Pour aller rendre hommage à Dieu... »
Elle dit , et le prêtre arrive ,
Mais trop tard pour les secourir ;
Car déjà l'écho de la rive
Ne reproduisait qu'un soupir.

VERS QUI TROUVERONT LEUR ADRESSE.

Vous aimez à lire les vers ?
J'en voudrais faire, Caroline,
D'assez beaux pour vous être offerts ;
Mais, hélas ! ce qui me chagrine,
C'est que je suis des moins experts
Dans l'art où brille Lamartine.
En vain par moi fut invoqué
Le Dieu qui préside à ma lyre ;
Pourtant, à qui vous voit sourire,
J'aurais vraiment grand tort de dire :
« C'est le sujet qui m'a manqué. »

A M. CHARLES LEFEBVRE,

Inspecteur des Ecoles pour le département

de la Seine-Inférieure.

ÉPITRE.

Cogor per mediam turbatus surgere noctem,
Multaque, ne patiar deteriora, pati.

Maximien.

Trop de gens se regardent vivre,
Ami, c'est là notre défaut;
Tout malade au chagrin se livre,
Dès qu'il croit savoir ce qu'il vaut.
Un rien alors le désespère,
Sa douleur devient plus amère,
Et, si tel remède n'opère,

Nul autre ne peut le sauver.
Puis il dit à qui veut l'entendre :
« Que Dieu ne saurait plus attendre,
« Et que bientôt il va lui rendre
« Un bien qu'il n'a pu conserver.
« Parents, amis, tout l'abandonne
« Pour lui, souffrant, il n'est personne
« Dont l'ame charitable, bonne,
« Veuille encor s'occuper de lui. »
L'aspect d'un corps dispos l'offense ;
Il maudit, même en leur présence,
Ceux qui charment leur existence
Sans nul souci des maux d'autrui.
Avec son docteur il chicane
Sur l'effet que telle tisane
Doit produire sur tel organe,
Lorsqu'on sait la prendre à propos.
Aujourd'hui, par quelque aphorisme,
Il condamne au plus grand mutisme
Qui ne veut croire au magnétisme,
Comme remède à tous les maux ;
Demain, devenu moins crédule,
Changeant de ton et de formule,
Il vous dira, sans préambule,
Que Mesmer est le Dieu des sots.

Alors son ame convertie
Combat pour l'homœopathie.
Elle a toute sa sympathie,
Il en essaie et souffre encor ;
Ou bien l'hydrothérapeutique,
Médecine sudorifique,
Autrement diaphorétique,
En mieux ne peut changer son sort,
Puis dans sa tristesse il retombe,
Sa raison sous le mal succombe.
Il a cru voir s'ouvrir la tombe
Qui bientôt doit le contenir :
« La mort est peu ce qu'il redoute,
« Là devait s'achever sa route ;
« Ce qu'il craint surtout, c'est le doute,
« Qui lui dérobe l'avenir. »
Mais qui sommes-nous à cette heure ?
As-tu visité la demeure
De cet infortuné qui pleure
Dans les angoisses de la faim ?
As-tu vu sa famille entière,
Craignant pour sa propre misère,
Demander à Dieu, notre père,
Une mort prompte ou bien du pain ?
Ami, cessons donc de nous plaindre.

Lorsqu'un tel sort vient les atteindre,
Rien chez eux ne saurait éteindre
L'espoir, ce beaume du malheur;
Commme eux, ayons bonne espérance!
De Dieu le pouvoir est immense,
Attendons tout de sa clémence:
Mourons sans remords et sans peur.

LE REMÈDE.

CONTE.

J'ai lu dans quelque historien
Qu'un gascon, de mine assez bonne,
Négligeait, pour une friponne,
Sa femme qui n'en savait rien.
C'est pain béni, que vous en semble ?
Nous n'avons guère notre tour ;
Mais dame Prudence et l'Amour
Ne couchent pas souvent ensemble,
Ainsi que vous allez le voir.
Vous saurez donc que, certain soir,
L'amante de notre infidèle,
Qui, je crois, se nommait Adèle,
Avait laissé de son boudoir

La porte toute grande ouverte.
O femmes qu'un rien déconcerte,
Que je vous plains dans vos frayeurs!
Pour celle-ci je maintiens, certe,
Qu'elle n'eut crainte des voleurs.
Son cœur, rempli d'impatience,
Convoitait ce temps de plaisir
Que, d'accord avec le désir,
L'amour fixe souvent d'avance,
Temps toujours trop lent à venir.
Minuit, cette heure si fatale
A plus d'un ennuyeux barbon,
Était celle où notre gascon,
Loin de la couche nuptiale,
Devait... (Hercule était son nom)
Voir à son gré cette autre Omphale,
Modèle de beauté, dit-on.

Il la vit ; fit-il autre chose ?
On le prétend, mais la pudeur
Sur ce point me tient bouche close.
Quel déboire pour un conteur !
Ce que pourtant je puis vous dire,
C'est qu'au sein d'un tendre délire
Cet heureux couple pria Dieu

Pour que la matineuse aurore,
Qui devait éclairer ce lieu,
Se fit longtemps attendre encore.
Or, mes amis, ceux d'entre vous
Doués d'un peu d'intelligence
Comprendront aisément, je pense,
Qu'Adèle et notre jeune époux
Passèrent des moments bien doux.
Le reste est de la compétence
Des francs disciples de Grécourt.

Enfin, lorsque parut le jour,
Hercule, emportant dans son ame
Bonne provision d'amour,
Fut se coucher près de sa femme,
Qu'il trouva rêveuse au retour.
J'en sais qui, pour un pareil tour,
Ne l'échappèrent pas si belle.
Mais disons tout. Après deux mois,
La jeune, la gentille Adèle,
Sentit qu'elle avait plus de poids
Qu'au temps passé : « Non, disait-elle,
« Je ne suis plus comme autrefois ;
« Hélas ! Dieu sait ce que je mange !
« Je ne me nourris presque pas,

« Et je vois grossir mes appas
« D'une façon vraiment étrange.
« Maître Hercule, qui n'est pas sot,
« En connaît peut-être la cause :
« Allons le voir ; entre autre chose,
« Il pourrait bien m'en dire un mot. »

Hercule vit donc son amante
Qui cachait en vain son effroi.
« Que peut avoir cette innocente, »
Se dit-il alors à part soi ?
Tant bien que mal notre pauvrette
Conta l'objet de sa frayeur.
« Eh! quoi, cela vous inquiète,
« Dit Hercule? n'ayez pas peur.
« Je paierais votre maladie :
« Vous mangez moins qu'aux temps passés,
« Dites-vous, et vous engraissez.
« Tant mieux ! c'est toute économie.
« — Non pas tant que bien le pensez,
Reprit la gente créature !
« J'y gagne pour la nourriture,
« C'est vrai ; mais vous savez fort bien
« Qu'on n'obtient pas le drap pour rien,
« Et je vois bien à ma ceinture
« Qu'il m'y faudra mettre du mien. »

Ce discours ébranla notre homme,
Qui, s'étant assuré du cas,
Vit, à je ne sais quel symptôme,
Qu'Adèle ne le trompait pas.
Hercule donc, le bon apôtre,
Qui tout d'abord en avait ri,
Lui dit : « Aux maux comme le vôtre
« Le remède, c'est un mari. »
« — Quoi! vraiment? fit-elle; je cède
« Avec plaisir et de grand cœur
« A l'ordonnance du docteur.
« Un mari, quel joli remède!
« Justement, je crois, entre nous,
« Que Bastien me fait les yeux doux.
« Dites-en deux mots à ma mère;
« Je n'aperçois vraiment que vous
« Pour mener à bien cette affaire.
« — Cela suffit, comptez sur moi,
Dit enfin Hercule à la belle;
« Vous pourrez de nouveau, je croi,
« Apprécier bientôt mon zèle. »
Cela dit, Adèle s'en fut.
Notre homme aussitôt résolut
D'employer son intelligence
Pour réussir. Tant bien fit-il,
Qu'il y parvint. Ainsi-soit-il !

Le marmot qu'il avait su faire
Vint au monde au bout de sept mois,
Gros et gras et d'un beau minois ;
Bastien , qui s'en croyait le père,
Conta son bonheur à chacun.
Très souvent nature et mystère
Font ainsi trois heureux pour un.

LE SPLEEN.

Mon Dieu, mon Dieu, que je m'ennuie !
J'ai de tout par-dessus les yeux ;
Ne me parlez pas de la vie,
La vie, oh ! que c'est ennuyeux !

Un auteur qu'on cite à la ronde
Nous dit, dans quelque fabliau :
« N'en fût-il vraiment plus au monde,
« Il faudrait encor du nouveau. »

Aujourd'hui, comme au temps d'Énée,
Les astres remplissent leur cours.
Vivre un jour, c'est vivre une année ;
Vivre un an, c'est vivre toujours.

Mon Dieu, mon Dieu, que je m'ennuie !
J'ai de tout par-dessus les yeux ;
Ne me parlez pas de la vie,
La vie, oh ! que c'est ennuyeux !

Voyant toujours les mêmes choses,
Le dégoût nous prend ici-bas :
Toujours le printemps et ses roses,
Toujours l'hiver et ses frimas.

Toujours des maîtresses volages,
Et des amants intéressés ;
Toujours des fous que l'on croit sages,
Des sages qu'on trouve insensés !

Mon Dieu, mon Dieu, que je m'ennuie !
J'ai de tout par-dessus les yeux ;
Ne me parlez pas de la vie,
La vie, oh ! que c'est ennuyeux !

Toujours d'insipides coquettes,
Affectant des airs de grandeur ;
Toujours des prudes contrefaites
Qui vantent partout leur pudeur.

Toujours l'homme, qu'un sort horrible
Rend au moins digne de pitié,
Craint de voir le mot *impossible*
Sur les lèvres de l'amitié.

Mon Dieu, mon Dieu, que je m'ennuie,
J'ai de tout par-dessus les yeux ;
Ne me parlez pas de la vie,
La vie, oh ! que c'est ennuyeux !

Toujours d'admirables promesses
Qui leurrent les honnêtes gens ;
Toujours des emplois, des richesses
Pour la tourbe des intrigants.

Toujours des soucis et des peines,
Un jour sur trois bonne santé,
Toujours des rois, toujours des chaînes,
Jamais, jamais de liberté !

Mon Dieu, mon Dieu, que je m'ennuie !
J'ai de tout par-dessus les yeux ;
Ne me parlez pas de la vie,
La vie, oh ! que c'est ennuyeux !

LA DANSEUSE ET SON CAVALIER.

APOLOGUE.

A. M. B***.

Quid de quoque viro et cui dicas sæpè caveto.

Horace.

« Voyez donc cette prude ! Oh ! qu'elle a mauvais ton !
  « Combien est gauche sa tournure !
« Quelle robe ! et surtout quelle étrange coiffure ;
    « Pourriez-vous me dire son nom ?
    « Avec une telle figure,
  « Elle ferait très bien de ne jamais sortir.
« Par charité, vraiment, on devrait l'avertir
« De se tenir plus droite, au moins quand elle danse ;

« Et puis n'apercevez-vous pas

  « Qu'elle ne saurait faire un pas,

  « Sans y joindre une révérence?

« A celle qui forma son éducation,

« J'en ferai compliment, si je puis la connaître ;

« Le sujet le vaut bien. Vous riez? Eh ! peut-être

« Me saurait-on gré de mon attention.

« Tenez, regardez donc comme elle gesticule !

« Pauvre femme ! elle est folle ; à peine, par hasard,

« Son danseur, qui voit bien qu'elle est trop ridicule,

« Ose-t-il seulement l'honorer d'un regard. »

    Ainsi, dans un bal du grand monde,

    S'adressant à son cavalier,

Une jeune personne, au caractère altier,

En propos médisants exerçait sa faconde.

Elle s'adressait mal, car, d'un ton fort railleur,

Et pour mieux la punir de son extravagance,

Ce cavalier lui dit : « Je jure, sur l'honneur,

    « Que, sans votre extrême obligeance;

« Je n'aurais jamais pu comprendre que ma sœur

    « Eût aussi peu de bienséance;

    « Mais vous montrez tant d'éloquence,

« Qu'il me faut bien me rendre. A vous donc tout l'honneur,

    « Lorsqu'il s'agit de bienveillance. »

« — Oh ! mon Dieu ! qu'ai-je dit? reprit-elle soudain ;

« Assurément... Monsieur... croyez-bien... je vous jure... «

Le rouge en ce moment lui couvrait la figure,
Tant le coup fut rapide et d'un effet certain !
Dix fois elle essaya de parler, mais en vain ;
    Elle avait si mauvaise grâce,
Et le sentait si bien dans le fond de son cœur,
  Que le moment de rejoindre sa place,
Cette fois seulement, fut pour elle un bonheur.
Je ne sais quelle voix cependant vint lui dire :
« Pas un mortel n'échappe au besoin de médire ;
   « Mais, avant de rien dévoiler,
« Considère longtemps l'objet de ta satire,
« Et surtout songe bien à qui tu vas parler. »

LE LUTIN.

Musique de M. Legrand.

Ange ou démon, je t'attends : voici l'heure
Où chaque nuit tu viens à mon chevet...
Mais on entend du bruit dans ma demeure :
Un voile blanc !... c'est lui !... c'est mon follet !
Il m'apparaît sous l'aspect d'une femme,
Et je crois voir Lise en ses plus beaux jours.
Lise n'est plus ; pour consoler mon ame,
Charmant Lutin, reste avec moi toujours.

Ne me fuis plus, toi qui si bien rappelles
Celle qu'un jour mon cœur idolâtrait ;
Ne me fuis plus, car le temps sur ses ailes
D'un souvenir emporte loin l'attrait.

6.

Ainsi que toi, celle qui me fut chère
Près de ma couche attirait les amours.
Mais pour le ciel elle a quitté la terre :
Charmant Lutin, reste avec moi toujours.

Avec regret je la voyais naguère
Se dérober à mes embrassements ;
Elle croyait qu'un bonheur qu'on espère,
S'il vient trop tôt, ne dure pas longtemps,
Il m'arriva pourtant de la surprendre,
Mais pour ma peine on me boudait huit jours,
Jamais l'amour n'a perdu pour attendre…
Charmant Lutin, reste avec moi toujours.

Eh ! quoi, plus rien? A travers ma fenêtre
La lune en vain fait glisser un rayon ;
Comment sitôt a-t-il pu disparaître?
De mon esprit est-ce une illusion ?
Il était là, je crois le voir encore
M'offrant l'aspect de mes premiers amours.
Lutin, reviens à ma voix qui t'implore !
Mais tout est calme… A-t-il fui pour toujours ?

TROMPEZ-MOI TOUJOURS.

FANTAISIE.

A Mlle ****.

Ma crédule jeunesse
S'écoulait dans l'ivresse
Que donne un bonheur pur ;
Ce bonheur sans mélange
Me venait-il d'un ange ?
Je crus en être sûr.
Pourtant c'était un songe,
Qu'un perfide mensonge
Rendait cher à mon cœur ;
Mais tout cœur qu'on abuse
N'admet point d'autre excuse
Qu'une plus longue erreur.

TROMPEZ-MOI TOUJOURS.

Inventez donc, ma belle,
Quelque ruse nouvelle
Qui me trompe toujours.
Aisément je puis croire
Que la moindre victoire
Dépend de mes discours.
Rendez donc à mon ame
Sa primitive flamme,
Son amour insensé,
Ou bien je vous oublie
Et ma courte folie
Appartient au passé.

AH ! QU'ON EST BIEN, QUAND ON EST GRIS !

Air : J'espère que le vin opère.

La vigne
Promet, c'est bon signe ;
Enivrons-nous, mes bons amis.
Ah ! qu'on est bien, quand on est gris !

Auteurs en butte à la satire,
Je veux vous donner un avis ;
Voulez-vous que l'on vous admire
Jusque dans vos moindres écrits ?
Jamais à la docte fontaine
N'a bu le tendre Anacréon ;
Le vin était son Hippocrène,
Que Bacchus soit votre Apollon !

La vigne

Promet, c'est bon signe ;

Enivrons-nous, mes bons amis.

Ah ! qu'on est bien, quand on est gris !

Vous qu'une belle flamme altère,

Ne comptez pas sur les amours ;

Leur troupe inconstante et légère

Nous quitte à la fleur de nos jours.

Que reste-t-il après leur fuite ?

L'amertume du repentir ;

Le temps d'aimer passe bien vite,

Mais le vin fait toujours plaisir.

La vigne

Promet, c'est bon signe ;

Enivrons-nous, mes bons amis.

Ah ! qu'on est bien, quand on est gris !

Avare, au teint sombre et livide,

Qui n'as d'autre Dieu qu'un trésor,

Si tu crains qu'une main avide

Ne te dérobe un jour ton or,

Des bons vins que le ciel nous donne

Emplis soudain mille tonneaux ;

Le temps d'agiter une tonne

Suffit pour prendre cent rouleaux.

La vigne
Promet, c'est bon signe ;
Enivrons-nous, mes bons amis.
Ah ! qu'on est bien, quand on est gris !

« Donnez-moi de la limonade ;
« Oh ! je succombe, je suis mort ! »
S'écriait un certain malade,
Qui ne se plaignait pas à tort.
Il en boit et bat la campagne,
Puis trépasse sur mes genoux ;
S'il eût demandé du Champagne,
Il serait encore avec nous.

La vigne
Promet, c'est bon signe ;
Enivrons-nous, mes bons amis.
Ah ! qu'on est bien, quand on est gris !

LE ROI DE LA FÈVE.

PROCLAMATION

CHANTÉE LE JOUR DES ROIS, CHEZ M. N***, EN 1833.

Air : Vous voulez, charmante Azélie.

Puisqu'au sein d'un joyeux délire,
Vous avez tous proclamé roi
Celui que le sort vient d'élire ,
Et qu'il arrive que c'est moi ;
Persuadé que la franchise
Consolide une royauté ,
Hautement je prends pour devise :
Pour tous Justice et Liberté.

De tous les hommes à grimaces
J'anéantirai le crédit,
Je supprimerai bien des places
Qui grèvent l'état, sans profit ;
Pour plus d'une haute entreprise,
Voulant mérite et probité ,
Je conserverai ma devise :
Pour tous Justice et Liberté.

En ce que la croyance ordonne ,
Tout dévot agissant pour lui ,
Je ne veux contraindre personne
A payer pour la foi d'autrui ;
Un pareil impôt scandalise
Ceux qui rêvent l'égalité.
Il ferait mentir ma devise :
Pour tous Justice et Liberté.

Comme j'admire la décence ,
Et que je sais ce qu'elle vaut,
Chez moi, jamais d'incontinence ;
Les exemples viennent d'en-haut.
Le peuple aisément s'autorise
Des écarts d'un prince éhonté ;
Sans mœurs , que serait ma devise :
Pour tous Justice et Liberté ?

Ennemi de la flatterie
D'où proviennent tant de malheurs,
Dans l'intérêt de la patrie,
Je ferai la guerre aux menteurs.
Un roi que le bien électrise
Ne peut rien sans la vérité,
Et, surtout, s'il a pour devise :
Pour tous Justice et Liberté.

Enfin je prendrai pour modèle
Un souverain des mieux connus,
L'incomparable Marc-Aurèle,
Dont chez nous on ne parle plus.
De moi je veux que chacun dise :
« C'est un prodige de bonté !
« Respectons toujours sa devise :
« Pour tous Justice et Liberté. »

Point de luxe dans ma demeure...
Mais, sot que je suis, j'oubliais
Que, n'étant roi que pour une heure,
Je formais en vain cent projets.
S'il me faut quitter, sans remise,
Un sort dont j'étais enchanté,
Du moins je garde ma devise :
Pour tous Justice et Liberté.

L'AMOUR MOUILLÉ.

IMITATION D'ANACRÉON.

Au milieu d'une nuit obscure,
A l'heure où les mortels, dans les bras du repos,
Trouvent pour quelque temps l'oubli de tous leurs maux,
    Quand tout se tait dans la nature,
    A la porte de mon réduit
    L'amour vient frapper, et ce bruit
    En sursaut bientôt me réveille :
    « Qui que tu sois, quand je sommeille,
« Lui dis-je, il te sied bien de venir me troubler. »
« — Ouvre, me répond-il, et cesse de trembler :
    « Je suis un enfant sans asile,
« Tout mouillé, je cherchais un abri protecteur.
« Pourrais-tu n'être pas touché de ma misère ? »

A ces mots, la pitié s'empare de mon cœur,
    Et mon cœur cède à sa prière.
Sans perdre un seul instant, j'allume mon flambeau,
    J'ouvre, et soudain je vois paraître
Un jeune enfant. Jamais je n'en vis un si beau,
Dans la vaste contrée où le ciel me fit naître.
    Un arc, des flèches, un carquois
Couvraient son cou d'albâtre, et de sa chevelure
    L'eau tombant quelquefois
    Humectait sa gentille armure.
    Mon feu s'allume, et sa chaleur
    Passant de ma main à la sienne,
Je lui disais : « Bannis une vaine pudeur,
« Réclame tout de moi, que rien ne te retienne. »
Mais lorsque de mes soins l'enfant put se passer :
« Voyons mon arc, dit-il, la corde par la pluie
    « Est sans doute bien rétrécie ;
« Essayons-le. » Bientôt, pour me récompenser,
Il me perce le cœur et rit de ma disgrâce ;
Puis le drôle à l'instant, prêt à franchir l'espace,
    Me dit : « Adieu, connais-moi bien ;
    « Je suis l'Amour, cher camarade !
    « Mon arc et sa corde n'ont rien,
    « Mais ton cœur et malade. »

COUPLETS

ADRESSÉS PAR L'AUTEUR A Mme D***,

Dans lesquels il retrace une prédiction qu'elle lui avait faite,

en consultant des petits papiers enflammés.

Dans ces papiers, que dévore la flamme,
Tes yeux perçants découvrent l'avenir ;
Là tu peux voir ce que plus tard notre ame
Doit éprouver de peine et de plaisir.
Grâce à ton art, aimable Pythonisse,
Je puis enfin compter sur d'heureux jours.
Oh! mille fois que le ciel te bénisse!
Et vous, papiers, brûlez, brûlez toujours.

Une beauté doit partager ma couche,
Lorsque le temps blanchira mes cheveux ;
Sans que mon âge un instant l'effarouche,
L'Amour chez moi rallumera ses feux.
Dieux ! quel oracle ! et qu'il est doux d'y croire,
Lorsqu'on vit seul, loin de certains secours !
De mon destin dis-moi toute l'histoire :
Petits papiers, brûlez, brûlez toujours.

Qu'ai-je entendu ? quoi ! par ma poésie,
Je parviendrais à la célébrité,
Et mon vers simple, enfant de l'élégie,
Par la douleur serait longtemps chanté ?
Contre les grands lançant mainte satire,
Je deviendrais aussi l'effroi des cours ?
O Béranger, c'est le sort de ta lyre !
Petits papiers, brûlez, brûlez toujours.

A mes désirs, non , rien qui ne réponde :
« De mes bienfaits, dis-tu, l'on parlera,
« Et, quand mes yeux seront clos pour ce monde,
« Sur mon tombeau le pauvre gémira ... »
Mais ton feu cesse ; une longue fumée
Vient mettre un terme à tes savants discours.
Ainsi tout meurt : plaisirs et renommée !
Oh ! tes papiers devraient brûler toujours.

A UNE JEUNE DAME.

C'était une de ces émotions secrètes et spontanées,
auxquelles la raison est souvent étrangère.

Fielding.

Ah ! vous avez raison de mépriser mes vœux :
Je suis un insensé qu'un vain désir entraîne.
Votre céleste voix, votre air noble, vos yeux...,
Tout m'avait captivé... J'oubliais votre chaîne.

J'oubliais que, soumise au charme des amours ,
Devant Dieu, qui punit tout criminel parjure,
Lorsqu'on vous dit : « *Cet homme* est à vous pour toujours, »
Vous avez répondu : « Pour toujours, je le jure ! »

Et pourtant !... Mais le ciel vous donna le pouvoir
D'éloigner de ses torts la funeste mémoire.
Pourquoi donc en mon cœur avoir mis tant d'espoir,
Si ma honte aujourd'hui doit faire votre gloire ?

Ah ! vous avez raison de mépriser mes vœux :
Je suis un insensé qu'un vain désir entraîne.
Votre céleste voix, votre air noble, vos yeux...,
Tout m'avait captivé... J'oubliais votre chaîne.

SI J'ÉTAIS SON P'TIT CHIEN (12).

Vous savez l'chien d'mamz'elle Hortense,
La fille au perruquier d'chez nous?
I' n'y a point d'bêt', dans tout' la France,
Dont l'destin vraiment soit plus doux.
Dam'! faut voir combien c'te fille aime
Cet animal reconnaissant!
Que d'fois je m'suis dit en moi-même :
« Si j'étais son p'tit chien pourtant! »

Castor n'est pas du tout farouche,
Et, s'il avait un peu d'raison,
J'dirais, quand il lui bais' la bouche :
« Ce chien-là n'est qu'un polisson! »

Pourtant, à bien prendre la chose ,
Parfois j'en voudrais faire autant ;
Il ne craint rien , et moi je n'ose...
Si j'étais son p'tit chien pourtant !

Pour contenter sa gourmandise,
On fait mémoir' chez l'pâtissier ;
Je n'connais point de friandise
Dont il ne goûte le premier.
Mamz'elle Hortens' n'est satisfaite
Que lorsque Castor est content ;
Castor mange dans son assiette...
Si j'étais son p'tit chien pourtant !

Hortens' lui fait fair' la grimace
Et cent p'tits tours, pour des bonbons ;
N'y a pas besoin qu'il gèle à glace,
Pour qu'il se fourr' sous ses jupons.
Scélérat d'chien, t'as vu que'qu'chose
Que j'paierais cher pour le moment...
Quel beau mollet je lui suppose !
Si j'étais son p'tit chien pourtant !

On l'amadoue, on le caresse,
Et, si j'en crois ce qu'on m'a dit,

Quelquefois, sa jeune maîtresse
En fait son camarad' de lit.
Un chien dans l'lit d'un' demoiselle !
Vous m'avouerez qu' c'est indécent ;
Mais i' n' couch' pas moins avec elle...
Si j'étais son p'tit chien pourtant !

UNE VICTIME.

Pour un seul moment d'imprudence,
Dieu, que d'affronts et de malheurs !...
Mais quelqu'un vers ces lieux s'avance,
Tâchons de lui cacher mes pleurs.
Je dois accueillir avec joie
Le premier venu, quel qu'il soit :
« Vous que vers moi le sort envoie,
« Joli blond, vous passez bien droit.

« On parle beaucoup dans la ville
« De malfaiteurs, d'adroits filous ;
« Quoique vous paraissiez agile,
« D'honneur, moi je tremble pour vous !
« Minuit sonne à la Grosse-Horloge,
« Le temps est couvert, il fait froid,

« Croyez-moi, venez dans ma loge...
« Joli blond, vous passiez bien droit.

« Je n'ai qu'un lit et qu'une chaise,
« Voyez ; heureux qui peut choisir !
« Sans façon, mettez-vous à l'aise ;
« La gêne éloigne le plaisir.
« Qu'on est bien près du feu qui brille,
« Quand le vent siffle sur le toit !
« Vous semblez me trouver gentille?...
« Joli blond, vous passiez bien droit.

« Je ne suis point une Lucrèce,
« Et, bien qu'on me critique fort,
« J'ai ravi, par mainte caresse,
« Plus d'une victime à la mort.
« Telle me blâme, qui regrette
« Au moins un refus maladroit.
« Mais vous chiffonnez ma toilette !...
« Joli blond, vous passiez bien droit.

« Un époux, que sa femme oublie,
« Pour se venger de sa froideur,
« Vainement me trouve jolie
« Et veut intéresser mon cœur.

« Ce cœur, où le remords habite ,
« N'est pas si pervers qu'on le croit.
« Sur mon sein votre sein palpite !...
« Joli blond, vous passiez bien droit.

« Longtemps mon regret fut sincère ,
« Mais le monde m'a dit : « Poursuis ! »
« Il m'a maudite , et la misère
« A fait de moi ce que je suis.
« Je n'attends plus la moindre grâce ;
« A mon repentir nul ne croit.
« Le plaisir pour moi la remplace...
« Joli blond, vous passiez bien droit.

« Un infortuné, sans ressource,
« A ma porte viendra demain ;
« Je trouverai dans cette bourse
« De quoi le consoler soudain.
« Faisant la part à l'indigence
« De l'or qu'ici l'amour reçoit,
« Je craindrai moins ma conscience...
« Joli blond, vous passiez bien droit. »

A BÉRANGER (13).

Toi dont le monde admirait le courage,
Lorsque ta muse osait braver les rois,
Consolateur des maux de l'esclavage ,
Pourquoi sitôt nous priver de ta voix ?
Dans tes refrains, qu'au loin l'écho répète,
Je puiserai de sublimes leçons.
Vieux chansonnier, prête-moi ta musette :
Le peuple encore a besoin de chansons.

Quand le soleil des trois grandes journées
Resplendissait sur nos fronts radieux,
Nous pouvions croire à d'autres destinées;
Mais qui connaît la volonté des Dieux ?

Comme autrefois l'opinion s'achète,
Et dans les fers toujours nous gémissons.
Vieux chansonnier, prête-moi ta musette :
Le peuple encore a besoin de chansons.

L'ambition, d'honneurs toujours avide ,
Pour parvenir manque à la probité,
Et de flatteurs une foule perfide
Aux yeux du roi cache la vérité.
Plus que jamais la police inquiète
Conçoit pour rien de sinistres soupçons.
Vieux chansonnier, prête-moi ta musette :
Le peuple encore a besoin de chansons.

Le malheureux , qui gémit et travaille,
N'a presque rien qui ne soit au budget;
Qu'importe aux grands qu'il dorme sur la paille ,
Quand sous leurs corps s'affaisse le duvet?
L'égalité, qui pour tous semble faite ,
N'habite point le globe où nous passons.
Vieux chansonnier, prête-moi ta musette:
Le peuple encore a besoin de chansons.

En proie au mal que sa raison déplore ,
Sur un volcan que lui-même a formé,

Pour s'étourdir il faut qu'il chante encore,
Ce peuple roi par cent rois opprimé.
Mais point d'éclat : une bouche indiscrète
Parlait hier d'agrandir nos prisons...
Vieux chansonnier, prête-moi ta musette :
Le peuple encore a besoin de chansons.

LA FEMME DE L'EXILÉ.

Pauvres enfants, près du feu qui scintille
Mettez un terme à vos joyeux ébats;
Lorsque chez vous la joie éclate et brille,
De nos destins, moi, je me plains tout bas.
A cette place, autrefois votre père
Riait, chantait comme vous aujourd'hui.
Il est parti pour la terre étrangère !
Mes chers petits, priez, priez pour lui.

Sur ses genoux, oh ! quel plaisir extrême
Quand tour à tour il vous faisait sauter !
Vous épeliez ces mots : *« Père je t'aime ! »*
Quand il reçut l'ordre de nous quitter.

Depuis ce jour, j'ai versé bien des larmes,
Luttant en vain contre un mortel ennui.
Pour dissiper mes craintes, mes alarmes,
Mes chers petits, priez, priez pour lui.

Où donc est-il? Le verrons-nous encore?
Souffrant, quelqu'un vient-il à son secours?
Loin de ces lieux, s'il voit lever l'aurore,
Il doit traîner de bien pénibles jours.
Aux étrangers quel intérêt inspire
Un malheureux implorant leur appui?
Songeant à nous, peut-être qu'il expire!...
Mes chers petits, priez, priez pour lui.

VERS POUR UN ALBUM

SUR LEQUEL FIGURAIENT QUELQUES PIÈCES DE VERS

D'AUTEURS CÉLÈBRES.

Allons, mes vers, rangez-vous, je vous prie,
Sur cet album qu'un ami me confie ;
Livre charmant, où la célébrité
A maintes fois déployé son génie.
Dieu ! quel honneur ! sans l'avoir mérité,
Profitez-en , point de cérémonie ;
Car, dussiez-vous avoir mille ans de vie,
   Non, jamais vous n'aurez été
   En aussi belle compagnie.

LE BUCHERON, LE LOUP ET LES CHASSEURS.

FABLE IMITÉE D'ÉSOPE.

Pressé par des chasseurs, un loup tout hors d'haleine,
Gagna, du mieux qu'il put, une pauvre maison,
Qui sur ses fondements se soutenait à peine;
  C'était celle d'un bûcheron.
  Le faiseur de fagots, dit-on,
Fut pris, en le voyant, d'une frayeur soudaine;
On aurait peur à moins, sans être né poltron.
« Brave homme, dit le loup, ne crains pas pour ta vie;
« La mienne est en péril, et je n'ai nulle envie
« De troubler ton repos, en m'attaquant à toi.
 « On me poursuit: cache-moi! sauve-moi!

« Le temps presse. » A ces mots, devenu plus tranquille,
Le bûcheron répond : « Je n'ai dans mon asile
« Qu'un seul appartement, où nul ne vous verra,
     « Entrez-y vite, le voilà !
« Maintenant, que quelqu'un vienne et me questionne
« Pour savoir si parfois vous ne seriez pas là,
« Je jure mes grands Dieux de ne dire à personne
« Que je vous tiens caché. » Notre homme ainsi parla.
Tout-à-coup les chasseurs chez lui se présentèrent,
De mille questions soudain ils le pressèrent ;
     Le bûcheron fut muet jusqu'au bout,
Mais il montra l'endroit où se trouvait le loup.
      Or, par le trou de la serrure,
      Notre fugitif animal,
      Ayant aperçu son signal,
   S'était débarrassé d'une vieille ferrure,
Qui semblait devoir faire obstacle à son départ.
Les chasseurs triomphants, comptant sur leur capture,
S'applaudissaient tout bas d'une telle aventure :
« Bravo ! se disaient-ils, oh ! quel heureux hasard !
« A quoi bon nous presser ? cette prison est sûre. »
Ils l'ouvrirent pourtant, mais il était trop tard.
Ainsi désappointés, ils quittent le vieillard.
Au bout de quelques jours, affilant sa cognée,
Notre homme, au coin d'un bois, revit messire loup.
Celui-ci s'approcha, l'ame encore indignée :

« Il ne tiendrait qu'à moi, lui dit-il tout-à-coup,
« De te récompenser d'un important service.
« Ton index de ta langue aisément fait l'office,
« Quand tu fais le serment de ne dire aucun mot.
« Je sais tout; vainement tu m'as pris pour un sot. »

Fourbes, dont on connaît les promesses frivoles,
Pourquoi donc, sans motif, prendre à témoin les Dieux
Que l'on peut hardiment se fier à vos paroles ?
        Jurez moins, mais agissez mieux.

L'EXILÉ. (14)

IMITÉ DE L'EXILÉ DE M. LAMENNAIS.

A mon ami A. D.

Le voyez-vous, errant et solitaire,
Préoccupé de pensers douloureux,
Cherchant partout un pauvre coin de terre,
Où la pitié sourie aux malheureux ?
L'amour du bien lui dit que ses semblables,
Touchés des maux dont il est accablé,
Se montreront envers lui secourables....
Seul ! toujours seul !... Dieu guide l'exilé !

Puis il s'arrête, et, flottant dans le doute,
Accuse Dieu d'un trop faible pouvoir,
Blasphème tout, pleure, et reprend sa route,
Lorsqu'en lui-même il retrouve l'espoir.
Mais où va-t-il ? Où va donc ce nuage
Que devant lui l'aquilon a soufflé ?
Jouet du sort, il ressemble à l'orage.
Seul ! toujours seul !... Dieu guide l'exilé !

Bien loin du sol où coula son jeune âge,
Aperçoit-il quelque brillante fleur ?
Son vif éclat n'efface point l'image
D'un souvenir renfermé dans son cœur :
« En vain, dit-il, votre aspect me rappelle
« Un temps bien doux, mais trop vite écoulé ;
« De mon pays valez-vous la moins belle ? »
Seul ! toujours seul !... Dieu guide l'exilé !

Peut-il jouir des accords d'une lyre,
L'infortuné qui déteste le jour?
Pourra-t-il même échanger un sourire
Contre un regard où se peindrait l'amour ?
De quel plaisir sentira-t-il les charmes,
Si dans la foule il demeure isolé?
Sa destinée est de verser des larmes.
Seul ! toujours seul !... Dieu guide l'exilé !

Si, par hasard, il voit une chaumière :
« Là, se dit-il, près d'un ardent foyer,
« Peut-être un fils, dans les bras de sa mère,
« Goûte un bonheur qu'on ne peut oublier.
« Puisse bientôt ce bonheur, que j'envie,
« Rendre le calme à mon cœur désolé ! »
Mais qu'a-t-il dit? Pour lui plus de patrie !
Seul ! toujours seul !... Oh ! le pauvre exilé !

PRIÈRE D'UNE PAUVRE FILLE.

Musique de M. Desrues.

Jeune, orpheline et sans ressource,
Je ne puis surmonter ma faim ,
Et nul passant n'ouvre sa bourse,
Lorsqu'en tremblant je tends la main.
En vain mon cœur me dit : « Espère ! »
A la pitié je n'ai plus foi.
Si je suis de trop sur la terre,
Mon Dieu, mon Dieu, reprenez-moi.

Pour mon travail et mon courage
On me citait à l'atelier ;
Mais on vint à manquer d'ouvrage
Je me suis mise à mendier.

Voici deux jours que la misère
Me fait sans fruit braver la loi.
Si je suis de trop sur la terre,
Mon Dieu, mon Dieu, reprenez-moi.

Plus d'un puissant, que rien n'attriste,
Prodiguant son or au plaisir,
M'a dit : « Enfant, Dieu vous assiste !
« Je ne saurais vous secourir. »
Tous seront sourds à ma prière ;
Encor si j'ignorais pourquoi !...
Si je suis de trop sur la terre,
Mon Dieu, mon Dieu, reprenez-moi.

De la borne où ma voix l'implore,
Le ciel entendra-t-il mes vœux ?
Dois-je longtemps souffrir encore ?
Quel sort fut jamais plus affreux ?
Dans un rêve, la nuit dernière,
Je voyais la mort sans effroi.
Si je suis de trop sur la terre,
Mon Dieu, mon Dieu, reprenez-moi.

LA FIANCÉE DU PRISONNIER.

C'est le jour de nos fiançailles
Que, sur des ordres solennels,
On l'enferma dans ces murailles
Où gémissent les criminels.
De son arrêt mon ame est offensée ;
Ah ! s'il le faut, j'irai trouver le roi !
Je lui dirai : « Je suis sa fiancée ;
« Vous êtes bon, sire, rendez-le-moi. »

D'un ton dicté par la colère,
J'entendis ses accusateurs
Dire : « On n'est jamais trop sévère
« Contre de tels perturbateurs. »

Lui , troubler l'ordre ! En tout temps sa pensée
Fut pour la paix, la raison et la loi.
Grâce pour lui, je suis sa fiancée ;
Vous êtes bon, sire, rendez-le-moi.

Rappelez-vous qu'aux barricades,
Combattant pour la liberté,
Parmi vos braves camarades
Vous-même, vous l'avez compté.
De ces beaux jours, dont la gloire est passée,
Le souvenir entretenait sa foi.
Voyez mes pleurs, je suis sa fiancée ;
Vous êtes bon, sire, rendez-le-moi.

Si le roi ne veut pas m'entendre,
Portant mes pas vers le geôlier,
Je lui dirai : « Vite, il faut prendre
« Ces rubis et ce beau collier ;
« Puis cette somme avec peine amassée,
« Que je gardais pour un plus doux emploi.
« Du pauvre Arthur je suis la fiancée ;
« Fais qu'il soit libre, et j'aurai soin de toi. »

LA GÉNÉROSITÉ INTERROMPUE.

FABLE.

Est-il une bonne action
De laquelle nous puissions dire :
« Elle émane d'un cœur que nulle passion
    « N'assujettit à son empire ? »
Pour moi, vraiment je n'en crois rien.
Or, sans vouloir jamais en découvrir la cause ,
Ainsi qu'il se présente, il faut prendre le bien :
L'ignorance est parfois utile à quelque chose.
Si pourtant le hasard nous faisait pénétrer
Le coupable motif d'une belle conduite,
Nous devrions encore feindre de l'ignorer ,
De peur qu'un plus grand mal n'ensoit un jour la suite.

Un riche, qui, par vanité,
A soulager le pauvre employait sa fortune,
Étouffait de bonheur, lorsque, dans sa commune,
Chacun vantait tout haut sa libéralité.
Mal penser, bien agir, c'était tout un, qu'importe ?
Nul, grâce à lui, depuis longtemps
N'apercevait plus à sa porte
Cette foule de mendiants
Qui font japper les chiens et gémir les passants.
Chacun lui payait en louange
Les secours qu'il en recevait.
Mais un jour il perdit au change,
Car un des malheureux que sa main secourait,
Venant de faire un héritage,
Changea soudainement de ton et de langage ;
Il saisissait toujours la moindre occasion
De lancer contre lui quelque trait de satire ;
Son éternel refrain était : « Qui pourrait dire
« Quel bien il fit jamais sans ostentation ? »
Un homme officieux, dans l'espoir d'un salaire,
Au richard étonné rapporta ces caquets.
Son cœur si libéral se gonfla de colère :
« Je jure par le ciel, dit-il, que désormais
« Nul ne sentira plus le prix de mes bienfaits. »
Du toit de l'indigence il oublia la route ;
On eut beau le prier, son serment fut sa loi ;

Aux plus nécessiteux même il fit banqueroute.
    Qui l'approuva? Ce n'est pas moi.

De tout ceci, lecteur, je crois qu'on peut déduire
    Cette importante vérité,
Qu'envers nos bienfaiteurs nous devons nous conduire
    Tout aussi bien dans la prospérité,
Que lorsqu'il nous fallait implorer leur bonté :
A tant de malheureux un seul ingrat peut nuire!

MON ANGE.

Musique de M. Legrand.

Je doutais, chose étrange !
Que Dieu , si bon pour tous ,
Nous eût pourvus d'un ange ,
Qui dût veiller sur nous ;
De cette erreur profonde
Je m'accuse aujourd'hui :
Mon ange est dans ce monde,
Et cet ange, c'est lui.

J'avais quinze ans à peine ,
Quand cet ange, un beau jour,
Sous une forme humaine,
Vint me parler d'amour ;

Pour une tresse blonde,
Tout mon courage a fui :
Mon ange est dans ce monde,
Et cet ange, c'est lui.

Il est bon, il est sage,
Et, j'en dois convenir,
Des erreurs du jeune âge
Lui seul put m'affranchir ;
Avec douceur il fronde
Les faiblesses d'autrui :
Mon ange est dans ce monde,
Et cet ange, c'est lui.

Je suis pauvre, mais fière ;
Jugez de mon bonheur !
L'aspect de ma misère
N'a pu changer son cœur ;
On dit même à la ronde
Qu'il sera mon appui :
Mon ange est dans ce monde,
Et cet ange, c'est lui.

L'AMOUR DE NICETTE.

FANTAISIE.

Musique de M. Chemin.

Quel effroi, Nicette,
Se lit dans tes yeux?
Craindrais-tu, pauvrette,
La clarté des cieux?
Oh! légers nuages,
Amoncelez-vous,
Sans former d'orages,
Au-dessus de nous;
Couvrez de la lune
Le disque argenté :
L'amour de ma brune
Veut l'obscurité.

Sous ta main brûlante
En vain bat mon cœur ;
Tu parais souffrante?
Dieu! quelle chaleur !
Agitez les saules,
Caressez, Zéphirs,
Ses blanches épaules,
Trône des plaisirs ;
Rien qu'une dentelle
Gêne ses attraits :
L'amour de ma belle
Veut un temps plus frais.

Un essaim bourdonne
A deux pas d'ici ;
Ce bruit monotone
Te fait mal aussi?
Aimables sylphides,
Chères à l'amour,
Pour voler rapides,
Attendez le jour ;
Attendez encore,
Il est toujours nuit :
Celle que j'adore
N'aime pas le bruit.

REMÈDE CONTRE LA PEUR.

CONTE.

Blaisot, non moins peureux que bête,
Avait pour femme, à ce qu'on dit,
Une friponne dont l'esprit
Facilitait fort la conquête ;
Témoin ce petit conte-ci.

Un soir où, sous la cheminée,
Leur voisin, monsieur Sans-Souci,
Dont la riante destinée
Était de prouver tous les jours,
Aux maris taxés d'impuissance,
Qu'avec de la persévérance,
On obtenait tout des amours ;

Un soir, dis-je, où cet homme habile
Faisait des contes à Blaisot,
Qui s'extasiait sur son style,
Sans proférer le moindre mot,
Soudain s'élève un grand orage,
Où le tonnerre par moments,
De concert avec tous les vents,
Menaçait d'un prochain ravage
La maison et ses habitants.

Blaisot, tremblant de tout son être,
Interrompt ainsi l'orateur :
« Vous qui paraissez tout connaître,
« Guérissez-moi donc de ma peur.
« — Oui, cornibleu, je le puis faire,
Dit Sans-Souci , l'astucieux ;
« Mettez ce mouchoir sur vos yeux,
« Posez le genou droit à terre,
« Et je vais dire une prière
« Qui guérirait tous les peureux.
« — Il se pourrait ! que j'en suis aise !
Dit à son tour le pauvre Blaise ;
« On ne croirait pas à vous voir
« Que vous avez tant de savoir ;
« Ne pensez pas que je vous flatte ;

« Mais cela m'explique, entre nous,
« Pourquoi ma femme, d'un air doux,
« Un jour déjà d'ancienne date,
« M'a dit le plus grand bien de vous.
« — J'avais raison, reprit Jeannette,
« Mais laissons tous ces propos-là ,
« Et du brave homme que voilà
« Mettez à profit la recette. »

Crac, à l'instant notre nigaud
Du mouchoir se fait un bandeau :
Son genou droit touche la terre :
« Attendez, dit notre compère,
« Avant de vous donner mes soins,
« Je vous préviens que ma prière
« Doit durer près d'une heure au moins :
« J'exige le plus grand silence,
« Surtout restez sans mouvement ,
« Et ne perdez pas patience,
« Ou tout est manqué sûrement . »

Blaisot , après mainte promesse,
Reste immobile, ainsi qu'un mort,
Et Sans-Souci , que l'amour presse,
Bénit le ciel d'un pareil sort ;

Jeannette, qui comprit la ruse,
En souriant, baisse les yeux,
Et.... Je laisse à plus docte muse
Le soin de peindre un couple heureux.
Pourtant, en passant, je dois dire
Qu'il tonnait encore beaucoup,
Et que Blaisot, dans son martyre,
Tout bas disait parfois : « Quel coup !
« Tout tremble, et les cieux et la terre,
« Ah ! daignez épargner, Seigneur,
« Un pauvre et malheureux pécheur
« Qui mérite votre colère,
« Mais dont vous connaissez le cœur. »

Enfin l'orage affreux s'apaise,
Et le fortuné Sans-Souci
Rend le jour au crédule Blaise,
Qui se lève en disant : « Merci !
« Que vous m'avez rendu service !
« Je tremblerai moins désormais ;
« Prier pour moi, quel sacrifice !
« Non, je ne l'oublierai jamais. »
L'autre répartit : « Bagatelle !
« Eh ! mon cher, souvenez-vous bien
« Qu'en priant avec tant de zèle

« Pour vous ici je ne fis rien ;
« Non, n'allez pas vous y méprendre :
« Obliger, c'est tout mon bonheur,
« Et, si quelque jour votre peur
« Par hasard allait vous reprendre,
« Songez à votre serviteur. »

L'APPARITION.

RÊVERIE.

Oh ! pourquoi donc ainsi m'apparaître sans cesse,
    Vous désormais morte pour moi ?
Dites, qu'attendez-vous encor de ma faiblesse ?
N'avez-vous pas assez trompé ma bonne foi ?
Près d'un autre déjà seriez-vous malheureuse,
Et venez-vous chercher un secours, un appui ?
    Pour vous que puis-je contre lui ?
Allez, n'espérez rien ; car ma vie est affreuse :
Car hier j'étais fort, et je meurs aujourd'hui.
Je meurs, entendez-vous ? Mais gardez-vous de croire
Que votre souvenir, poursuivant ma mémoire,

Soit cause des tourments qui me brisent le cœur.
D'un chagrin trop cruel j'allais être vainqueur,
Quand une autre... (Oh ! mon Dieu, l'ingrate s'en fait gloire !)
Voudrait recommencer avec moi notre histoire :
Ce sont les mêmes soins tendres et délicats,
C'est votre doux regard qui causait mon ivresse,
C'est vous, quand vous veniez, comme une enchanteresse,
Me dire : « A toi toujours ! » quand vous ne m'aimiez pas.
Que votre perfidie à mon cœur fut fatale !
Je passais de la crainte à l'espoir tour à tour.
Voilà comme je vis ! Aurais-je cru qu'un jour,
Dans l'art si criminel de feindre un grand amour,
Vous auriez sur la terre une telle rivale !...
Mais... je n'aperçois plus l'ombre qui me poursuit ;
Je reste seul plongé dans ma douleur profonde,
Implorant vainement le sommeil qui me fuit.
A répandre des pleurs passons toute la nuit :
Il me faudra demain sourire à tant de monde !

31 Décembre 184 .

ALZIRE.

Musique de M. Chemin.

Plus d'une louange
Célébra, mon ange,
Ta rare beauté;
Mais, divine Alzire,
Ce qu'en toi j'admire,
Oh! c'est ta bonté.
La charité même
Se peint dans tes yeux:
Voilà pourquoi j'aime
Tes jolis yeux bleus.

Dit-on qu'une femme,
Près de rendre l'ame,
Souffre sans espoir?
Toi , dont la parole
Doucement console,
Tu cours, pour la voir.
Ton bonheur suprême,
C'est de soulager :
Voilà pourquoi j'aime
Ton pied si léger.

Trop souvent, ma belle,
Ta douceur , ton zèle
Ont fait des ingrats!
Mais l'or de ta bourse,
Abondante source,
Ne t'appartient pas.
La main qui le sème
Sèche encor des pleurs :
Voilà pourquoi j'aime
Tes doigts enchanteurs.

Si parfois l'impie
Devant toi s'oublie
Et blasphême un peu,
Ton ame fidèle

Soudain lui rappelle
Ce qu'il doit à Dieu.
Ce nouveau baptême
Peut régler ses jours :
Voilà pourquoi j'aime
Tes touchants discours.

Je pleurais l'abandon d'une ingrate maîtresse ,
        Et je disais, dans ma douleur :
« Je ne veux plus aimer ; l'excès de ma tendresse
« Vainement trop longtemps me fit croire au bonheur. »
Quand je parlais ainsi , mon cœur était sincère.
        Il me semblait que désormais
Nulle femme à mes yeux n'aurait assez d'attraits,
        Assez de candeur pour me plaire.
D'où vient donc qu'aujourd'hui, sitôt que je vous vois,
De mes sens agités je ne suis plus le maître?
Est-ce un nouvel amour qui chez moi voudrait naître ?
Je n'ose l'affirmer..., et pourtant je le crois.

L'AVARE ET SON CHAT.

FABLE.

Certain avare avait un chat,
Subtil au dernier point et d'une adresse extrême;
Rarement en effet il avisait un rat,
Dont il ne vint à bout par quelque stratagême.
Fineau (c'était son nom) fit tant qu'au bout d'un mois
D'agilité, de ruse et de vaillance,
Parmi les plus hardis du peuple souriquois,
Nul n'osa plus paraître en sa présence.
Convenez cependant que, pour un fin matois,

C'était manquer encor. de tact et de prudence,
      Car ainsi le zélé sournois
Ne trouva bientôt plus de quoi remplir sa panse.
Or, un jour l'appétit le pressant bel et bien,
Ce conquérant vint faire un tour à la cuisine ;
Mais, comme rarement chez l'avare on festine,
Le pauvre diable , hélas ! ne trouva rien
Capable de calmer sa douleur intestine.
Il eut donc à jeûner près d'un jour et demi,
Pour obtenir enfin, comme à titre d'ami,
Un os dont une dent, et vorace et friande ,
Avait, avec grand soin, rongé toute la viande :
« C'est donc ainsi, dit-il à l'injuste usurier,
  « Que tu prétends largement me payer
« De cent combats livrés au péril de mon être?
« Garde pour toi cet os , vilain monstre, vieux traître,
« Et fais la chasse aux rats toi-même en ton grenier ;
« A partir d'aujourd'hui , je n'y veux plus paraître. »
Il tint bon quelque temps, car il trouvait encor
Quelques vieux rogatons au sein d'un tas d'ordures ;
Mais il dépérissait, et bientôt serait mort
S'il eût dû plus longtemps vivre ainsi d'épluchures.
La faim mit donc un terme à sa noble fierté ;
Plus leste que jamais, en trois sauts il regrimpe
Sous le toit qui jadis lui tenait lieu d'Olympe.

Il s'y refit un peu ; mais la sobriété
L'emporta cette fois sur la voracité.

Faibles, si par hasard un puissant vous offense,
Comptez bien vos moyens, avant de vous venger.
Je comprends comme vous le prix de la vengeance ;
     Mais, avant tout, il faut manger.

IMITATION DE CATULLE.

A Mlle ***.

Vivons pour nous aimer, et que notre tendresse
Méprise les conseils de l'austère vieillesse.
Dieu fit courts les plaisirs que l'on goûte ici-bas.
Le soleil , qui s'éteint, demain doit reparaître ;
Tandis que nous, vois-tu , lorsque nous cessons d'être ,
C'est pour toujours, Corinne : oh ! ne l'oublions pas !
Donne-moi cent baisers, toi que mon ame adore,
Et puis mille, et puis cent, puis mille autres encore ;
Donne-m'en tant qu'enfin le nombre en soit si grand,
    Que nous ne puissions plus le dire,
Et que quelque envieux, apprenant ce délire ,
Désespère à jamais d'en obtenir autant.

ÉPITRE

A M. CHARLES LEFEBVRE, INSPECTEUR DES ÉCOLES PRIMAIRES

POUR LE DÉPARTEMENT DE LA SEINE-INFÉRIEURE.

Salut à toi, vieux camarade !
Comment vas-tu ? Que deviens-tu ?
Le grand air et la promenade,
Les soins d'une douce ambassade
Et les cancans de ta bourgade
Rendent-ils à ton corps malade
Ce qu'en espérait ta vertu ?
Pour moi, de fatigue abattu,
Pour mettre un terme à mes souffrances,
J'ai planté là les Assurances,

Où je serais mort de souci.
Fort bien m'a pris d'agir ainsi,
Car depuis qu'en mon patrimoine
Je vais et viens dans tous les sens,
D'honneur ! chaque jour je me sens
Devenir aussi gras qu'un moine
Quelques-uns disent : « C'est un bien ; »
D'autres, « Un mal. » Or, lesquels croire ?
Ceci rappelle un peu l'histoire
D'Hippocrate et de Galien ;
Mais laissons-là la médecine ,
Où le moins habile devine
Quand le sort lui donne raison.
Pour faire une comparaison,
Ainsi quelquefois j'entends dire ,
S'il a plu tel jour, soit jeudi :
« Nostradamus est un grand sire,
« Car l'almanach l'avait prédit. »

Le moins beau de mon existence ,
C'est d'être obligé de subir
Des discours que je sais d'avance
N'être pas de ma compétence ,
A moi, né pour un doux loisir.
Trop peu versé dans la culture,

Je suis aux yeux du laboureur
Un être nul, que la nature
Fit naître en un moment d'erreur.
Dieu lui pardonne cette injure
Aussi bien que le fait mon cœur !
Ces gens-là ne peuvent comprendre
Qu'on ne sache pas seulement
Combien de dix sacs de froment,
Ensemencés utilement
Dans un champ, où l'on sut épandre
De bons engrais également,
Un colon a le droit d'attendre.
Si tu l'ignores, viens l'apprendre.
Peut-être ils te diront encor,
Car c'est là ce qui les distingue,
Comment on peut, sans nul effort,
Maîtriser un cheval qui fringue.

Ce propos me rappelle un fait
Qui devint chose capitale,
D'innocent qu'au fond il était :
Ayant conduit à la cavale
Un étalon, poli, bien fait,
Près duquel le grand Bucéphale
N'eût été qu'un simple mulet,
Certain domestique n'avait

Pris les précautions d'usage .
Or, voici donc que , dans sa rage,
L'animal, qu'un besoin pressait,
Hennit, s'élance, et puis s'engage
Tout autrement qu'il ne fallait.
Souffrant d'une telle accointance,
La femelle en vain se tordait,
De cent façons gesticulait,
Poussant des cris d'impatience ;
Les coups de fouet d'un charretier,
Appliqués avec véhémence,
Ne purent en cette occurrence
Calmer l'extrême violence,
Apaiser l'appétit grossier ,
L'insolite concupiscence
Du plus intrépide coursier.
Grand fut le souci du fermier,
Victime de cette méprise;
Il peste, il crie, il agonise
Le malheureux palefrenier,
Qui, pour ignorer son métier,
Expose ainsi sa jument grise
Aux fureurs d'un cheval entier.
Pour surcroît de mélancolie,
La pauvre bête mal saillie
Presque aussitôt perdit la vie ;

Puis un expert vint déclarer,
Dans les termes de sa partie,
Que l'on aurait pu conjurer,
Avec un peu de prévoyance,
Ce malheur, cette perte immense,
Si difficile à réparer !
Après certain préliminaire,
En pareil cas peu nécessaire,
De nouveau l'orage éclata.

En justice on porta l'affaire :
Toute la troupe octogénaire,
Suivant sa coutume ordinaire,
Plus pour dormir que se distraire,
Au tribunal se transporta.
Le demandeur, dans une attaque
Aussi ferme qu'élégiaque,
N'oublia pas un iota ;
Puis vint bientôt, pour la réplique,
Le tour de notre domestique.
De son mieux il argumenta,
Prit des détours, incidenta ;
Mais le pauvre diable eut beau faire,
Il y perdit tout le salaire
Qu'il devait à son triste état.
Cet arrêt me semble sévère.

Si, pour éviter tous les jours
Sur de tels faits pareils discours,
Croyant bien faire, je me couche,
L'aimable troupe des amours
A bientôt déserté ma couche ;
Trop heureux alors mille fois,
Si quelque cavale farouche
Ne m'emporte au milieu des bois !

Mais pardon de ce bavardage !
Ma muse, en train de babiller,
Pourrait aujourd'hui gaspiller
Aisément encore une page :
L'arrêter là, paraît donc sage,
Et puis d'ailleurs tout doit finir.
L'important, c'est qu'un souvenir
Dont l'amitié fait l'avantage,
En ce moment me dédommage
D'ennuis trop longtemps combattus
Au sein d'une cité sauvage,
Où je sens bien qu'un grand courage
Est la première des vertus.

L'AGNEAU ET LE LOUP MALADE.

FABLE.

Certain agneau,
Loin du troupeau,
Paissait tranquillement au pied d'une colline;
Quand tout-à-coup
Il voit un loup
Sortir de la forêt voisine.
Dans ce péril extrême, hélas! que devenir?
« S'il m'attrape, dit-il, je ferai triste mine :
« Hâtons-nous donc de déguerpir. »
Mais à peine il commence à fuir,
Que l'animal glouton en ces mots le rassure :

« Viens à moi, ne crains rien, charmante créature !

« Si parfois mes pareils ont croqué les agneaux,

« Je les en ai blâmés très fort, je te le jure :

« N'ont-ils pas, dans les bois, assez de nourriture,

« Sans courir, comme ils font, après tous vos troupeaux ?»

Quelque peu rassuré, l'agneau vers lui s'avance ;

Le loup, voyant l'effet de sa haute éloquence,

Pour mieux toucher son cœur, fait mille efforts nouveaux ;

L'agneau s'avance encor ; mais, à peu de distance,

Il aperçoit du sang : le barbare est blessé,

Il ne peut faire un pas, et, dans son impuissance,

Il voudrait s'applaudir de l'avoir terrassé.

Alors l'agneau lui dit : « De votre bienveillance

« Je vois trop maintenant le but intéressé,

« Pour oser plus avant pousser mon imprudence.

« Adieu, portez-vous mieux ; je retourne à mon pré. »

Combien de gens ainsi voudraient qu'on leur sût gré

        Du mal qu'ils ne peuvent nous faire !

On dit que chez les grands ce cas est ordinaire ;

Ce n'est pourtant pas là que je l'ai rencontré.

IMPROMPTU.

A UNE JEUNE ET CHARMANTE DEMOISELLE QUI AVAIT PLEURÉ EN
ENTENDANT CHANTER UNE ROMANCE DE MOI, AYANT POUR TITRE :
Je vais t'attendre aux cieux.

Des pleurs ont coulé de vos yeux,
Lorsqu'un artiste, avec délire,
A chanté près de vous : *Je vais t'attendre aux cieux.*
D'un éloge si gracieux
J'ai pris ma bonne part, dût l'envie en médire !
Mais pour moi quel plus grand bonheur,
Si la jeune et sensible Hortense
Pouvait un jour aimer l'auteur
Autant qu'elle aime sa romance !

PROVERBE (15).

Plein de respect pour tous les vieux adages,
J'en déterre un, longtemps enseveli,
Concevant peu comment nos hommes sages
Ont pu souffrir qu'il fût mis en oubli.
Aux gouvernants j'ai crié : « *Prenez garde.* »
Que n'a-t-on mis ces mots sur leur blason !
Cent fois malheur à qui trop se hasarde :
   Entêtement n'est pas raison.

Ah ! pourquoi donc, pourquoi, dirais-je encore,
Ce prompt retour aux abus du passé ?
Était-ce là ce qui devait éclore
Du sang français, si noblement versé ?

De vos serments j'ai gardé la mémoire,
Et je ne vois en vous que trahison !
Mais vainement vous minez notre gloire :
    Entêtement n'est pas raison.

Rien ne résiste au progrès qui s'avance,
Il suit le temps à qui tout doit céder ;
C'est comme un fleuve, et mon expérience
Me le dépeint tout prêt à déborder.
Arrière donc, imprudents, dont la vue
N'aperçoit pas le noir de l'horizon !
Aimez-vous mieux que la foudre vous tue ?...
    Entêtement n'est pas raison.

ME RECONNAIS-TU ?

ROMANCE.

> Elle était morte, il en devint fou.

On la disait à l'agonie ;
Dès qu'il le sut, Charles voulut la voir ;
Il court chez elle, il sanglotte, il supplie,
Dit qu'il peut tout : on cède à son espoir.
Il fut saisi de sa pâleur extrême ;
Mais, tout-à-coup, ranimant sa vertu :
« Lise, dit-il, c'est moi, Charles, qui t'aime ;
« Regarde bien, dis, me reconnais-tu ?

« Eh quoi ! ne peux-tu plus m'entendre ?
« Voici ma main, tiens, elle est près de toi ;
« Combien de fois elle t'a fait comprendre
« Que nul mortel ne t'aimait plus que moi !...
« Mais dans ma main ta main reste glacée...
« De quel soupçon mon cœur est abattu !
« Tu m'as promis ta dernière pensée :
« Regarde bien, dis, me reconnais-tu ?

« Rien ! rien !... O mon Dieu ! je chancelle ;
« Mais il faut fuir, c'est l'ordre du docteur ;
« Ma place, à moi, n'est donc plus auprès d'elle ?
« D'un tel conseil j'ai compris la rigueur. »
Il éloigna. Le corps de son amie
Du drap de mort fut soudain revêtu.
Depuis ce jour, Charles partout s'écrie :
« Regarde bien, dis, me reconnais-tu ? »

9

AU DERNIER SOU L'ON DONNE A BOIRE.

Musique de M. Tocque.

Il me reste trente centimes,
Nous sommes deux', et tu n'as rien !
Faut-il donc que ces trois décimes,
Seuls, ne produisent aucun bien ?
Sur l'enseigne d'un vieux Grégoire
Je lis : « Avis aux francs lurons !
« Au dernier sou l'on donne à boire : »
      Entrons.

Nous n'aurons que de la piquette,
Le Pomard n'est pas fait pour nous ;
Mais on peut se mettre en goguette
Avec six comme avec cent sous.

Afin de perdre la mémoire
Des maux qu'à jeun nous déplorons,
Au dernier sou l'on donne à boire :
    Entrons.

Qu'un seul jour sur une semaine
Le malheureux, tout engourdi,
Se distraie un peu de sa peine,
Est-ce trop? *Faisons le lundi.*
Pour la soif je garde une poire,
Ensemble nous l'avalerons ;
Au dernier sou l'on donne à boire :
    Entrons.

Cher ami, je sais que ma femme
Chez nous avec dépit m'attend ;
Mais quand je bois peu, sur mon ame !
Je suis plus faible qu'un enfant.
Or, pour m'assurer la victoire,
Malgré ses cris et ses jurons,
Au dernier sou l'on donne à boire :
    Entrons.

ADIEU, MA MÈRE !

ROMANCE.

Musique de M. Chemin.

Tu l'as voulu, de l'hyménée
Je vais enfin subir la loi ;
Désormais un autre que toi
Prendra soin de ma destinée.
A ta fille, ton cher trésor,
Paul a promis de rendre un père...
Ne pouvais-tu tarder encor ?
    Adieu, ma mère !

J'augure bien de son délire,
A sa bonté même je crois;
Mais j'avais fait un autre choix;
Je n'ai pas osé te le dire.
Gustave connaît mon amour,
Et pour moi le sien est sincère.
Silence, jusqu'au dernier jour!
      Adieu, ma mère !

Paul aura toute ma tendresse,
Et, si parfois un souvenir
Portait mon cœur au repentir,
Je lui cacherai ma tristesse.
Je ne dois point, par un regret,
Lui rendre l'existence amère.
Tu sauras seule mon secret :
      Adieu, ma mère!

BOUTS-RIMÉS,

Proposés à remplir par M. Lefebure.

Caillou.
Arbre.
Coucou.
Marbre.

CONTE.

J'allais rentrer chez moi ; mon pied heurte un caillou,
Je trébuche et je vais me coller contre un arbre ;
Le bruit que fit mon corps mit en fuite un coucou ;
La frayeur me saisit, je devins comme un marbre.
Je me remets un peu, puis je cherche un caillou ;
J'en trouve cent, pour un, gisant au pied de l'arbre ;

Tandis que je choisis, l'oiseau me dit : « Coucou !
« Va, je suis à l'abri de la pierre ou du marbre.
« Sur un autre que moi dirige ton caillou ;
« Le lit de ton épouse abrite, mieux qu'un arbre,
« Un cousin qui t'a fait nommer aussi coucou,
« Car il sait que son cœur n'est pas toujours de marbre. »
Diable ! me dis-je alors, en lâchant mon caillou,
Ne jugeons plus du fruit à l'écorce de l'arbre ;
Que le monde est trompeur ! Quoi ! je serais ... coucou ?
Oh ! la belle épitaphe à mettre sur un marbre !

A M. A. PINCHON,

Dis-moi donc, où diable allons-nous !

Par un chemin rempli d'épines ,
Où trop souvent nous nous heurtons,
En sens divers, pauvres machines ,
Où donc courons-nous à tâtons?

Pour moi, vraiment je n'en sais rien ;
Hélas! qui nous le dirait bien?

Si pourtant, et par intervalle,
Un éclair frappe nos regards,
C'est pour nous montrer le dédale,
Où nous gémissons tous épars.

Où courons-nous? je n'en sais rien ;
Hélas! qui nous le dirait bien?

De nos malheurs est-ce un indice ?
J'ai vu, malgré l'obscurité,
Que le glaive de la Justice
Ne coupait plus que d'un côté.

Où courons-nous ? je n'en sais rien ;
Hélas ! qui nous le dirait bien ?

J'ai vu des écrivains sans ame,
Se posant en réformateurs,
Prêter pour un terrible drame
Des armes à nos oppresseurs.

Où courons-nous ? je n'en sais rien ;
Hélas ! qui nous le dirait bien ?

Une sorte d'indifférence
Nous livre à l'aveugle hasard ;
A-t-on oublié que la France,
A sa tête, eut plus qu'un César ?

Où courons-nous ? je n'en sais rien ;
Hélas ! qui nous le dirait bien ?

Je me trompe ; la fourberie
Vient d'obtenir de quelques fous
Que, pour protéger la Patrie,
Paris serait sous les verroux (16).

Où courons-nous ? je n'en sais rien ;
Hélas ! qui nous le dirait bien ?

Chaque jour, quelque monopole
Ajoute aux charges des impôts ;
Nous enrichissons le Pactole,
D'autres profitent de ses eaux.

Où courons-nous ? je n'en sais rien ;
Hélas ! qui nous le dirait bien ?

Chaque fois qu'un cri de détresse
Fait appel à la charité,
L'égoïsme aussitôt se dresse
Pour étouffer l'humanité.

Où courons-nous ? je n'en sais rien ;
Hélas ! qui nous le dirait bien ?

LA CHANTEUSE DES RUES.

Musique de M. Darré.

Adieu, pauvre et triste demeure,
Où le sommeil fait tant de bien,
Où dans un rêve, tout-à-l'heure,
A mes vœux il ne manquait rien !
Le jour, qui faiblement t'éclaire,
Ne revient que pour m'attrister.
Il me rappelle ma misère :
Oui, je suis pauvre, il faut chanter.

Sortons, pâle et l'ame abattue
Par l'épuisement et la faim ;

Chantons au milieu de la rue,
Pour gagner un morceau de pain.
Heureuse encor, dans ma détresse,
Si quelqu'un daigne m'écouter !
Je sens augmenter ma tristesse ;
Mais je suis pauvre, il faut chanter.

Montrons une allégresse entière.
Pour s'épargner quelques bienfaits,
Plus d'un riche, en sa morgue altière,
Soutiendrait que j'en fais exprès.
Il dirait... oh ! soupçon terrible !
« Le malheur se laisse imiter. »
Combien mon destin est horrible !...
Mais je suis pauvre, il faut chanter.

Je sais qu'on me trouve gentille ;
Dans quelques mois j'aurai seize ans,
Et l'on dit de moi : « Pauvre fille !
« Tu ne mendieras pas longtemps. »
Déjà l'on met à prix mes charmes,
On parle de les acheter.
Malgré moi, je verse des larmes ;
Mais je suis pauvre, il faut chanter.

UNE JEUNE MARIÉE.

En vain longtemps j'ai cherché par le monde
L'être qu'un jour mon amour enfanta ;
J'ai dit partout : « Sa chevelure est blonde,
« Son air est bon... » De folle on me traita.
Mais quand trop tard j'ai pu le reconnaître,
Mon cœur comprit, de chagrins abreuvé,
Que pour lui seul le ciel m'avait fait naître.
Ah ! pourquoi donc, pourquoi l'ai-je rêvé ?

Qu'il est heureux ! lui, du moins, il ignore
Les pleurs brûlants que je verse aujourd'hui ;
Il ne sait pas qu'une femme l'adore,
Sans nul espoir d'être jamais à lui.

Pour lui toujours je suis une étrangère,
Car mon secret, je l'ai bien conservé :
Ce lourd fardeau n'appartient qu'à la terre.
Ah ! pourquoi donc, pourquoi l'ai-je rêvé ?

Pourquoi de fleurs ont-ils chargé ma tête ,
Ceux qui m'ont dit : « Engagez votre foi? »
C'est que, sans doute, ils voulaient qu'à leur fête
Tout leur bonheur parût venir de moi.
Mais cet éclat, cette pompe forcée,
De ma douleur ne m'ont rien enlevé :
Il n'est jamais sorti de ma pensée.
Ah ! pourquoi donc, pourquoi l'ai-je rêvé ?

NORNA, LA SORCIÈRE.

Musique de M. Pillore.

Seule, en sa chaumière,
J'ai vu, l'autre soir,
Norna, la sorcière,
Qu'on dit tout savoir.
Vraiment c'est merveille
Ce qu'on apprend là !
Comment cette vieille
Sait-elle cela ?

« Donnez-moi, dit-elle,
« Votre blanche main ;
« Il n'est pas, ma belle,
« De plus beau destin ;
« L'amour vous conseille,
« Il triomphera. »
Comment cette vieille
Sait-elle cela ?

« Votre bonne mère
« Parfois dit : « Hélas !
« Moi, je n'aime guère
« Le jeune Lycas. »
« Elle vous surveille,
« Croyez-en Norna. »
Comment cette vieille
Sait-elle cela ?

« Un seigneur fort riche,
« Doit venir chez nous,
« D'Espagne ou d'Autriche,
« Pour s'unir à vous :
« Faites sourde oreille
« Dès qu'il parlera. »
Comment cette vieille
Sait-elle cela ?

« Pour garder, ma fille,
« Votre beau minois,
« Pour rester gentille,
« N'allez plus au bois ;
« Votre peau vermeille
« Se fanerait là. »
Comment cette vieille
Sait-elle cela ?

A UNE JEUNE FEMME

Qui ne m'aime plus, et que je n'ai jamais aimée.

Quand tu vins à moi, jeune folle,
En disant : « Crois à mon amour ! »
Pensais-tu que cette parole
A toi dût m'enchaîner un jour ?
Oh ! moi, vois-tu, je me défie
De ces présents inattendus :
Pour peu de temps l'enfant confie
Le hochet qui ne lui sert plus.
Mais tu me paraissais gentille,
Et puis bien souvent tu pleurais :

J'eus pitié de toi, pauvre fille,
Pas autant que tu le croyais.
Qu'importe, après tout ! Tes alarmes
Se calmaient dans un doux espoir,
Et quelquefois même à tes charmes
La gaîté rendait leur pouvoir.
Mais, malgré l'indiscrète flamme
Qui dans tes yeux brillait alors,
Je ne cédai pas , et mon ame
Triompha sans de grands efforts.
Tu t'imaginais me séduire ;
J'entretenais ta douce erreur,
Quand d'un mot je pouvais détruire
Tes songes dorés , ton bonheur.
Je ne l'ai pas voulu ; la terre
Offre assez de méchants sans moi ;
Si j'avais eu du mal à faire,
Il n'aurait pas tombé sur toi...
Mais mon amante, où donc est-elle ?
Tu ne me souris plus, Emma ;
Je ne vois plus, dans ta prunelle,
Le feu dont elle s'anima ;
Tu ne cherches plus à me plaire
Par tes chants ou par tes discours ;
Entre nous, pourquoi ce mystère ?
Rêverais-tu d'autres amours ?

Oh ! franchement je le désire,
Car, sans te causer de regrets,
Aujourd'hui j'aurai pu te dire
Que mon cœur ne t'aima jamais.
Pour un autre Dieu t'a formée :
Qu'un autre ait soin de ton bonheur !
Pourtant, si je t'avais aimée,
Qui pourrait calmer ma douleur !

ÉLÉGIE.

Aux reproches sanglants d'un amant en courroux
Ne répondras-tu rien, et ton ame impassible
Plus longtemps verra-t-elle un cœur, par trop sensible ,
Se débattre, pour toi, contre un soupçon jaloux?
Il n'est pas de tourments qui ne me soient ¦plus doux
  Que ce silence qui m'accable.
Si je t'accuse à tort, si tu n'es pas coupable
  De la plus noire trahison,
Oh ! rends-moi, par un mot, la joie et la raison
Dis-moi que de faux bruits ont trompé ma croyance,
Qu'il ne faut pas toujours se fier à l'apparence,
Que , si l'on a pu voir dans ton appartement
Un homme à tes côtés, qui parlait à voix basse,
Et semblait admirer ta candeur et ta grâce,
Cet homme, quel qu'il fût, n'était pas un amant.

N'est-ce pas que jamais ma belle fiancée
D'un coupable dessein n'occupa sa pensée,
Et que ces doux serments qu'elle me fit un jour
N'ont point été rompus ? n'est-ce pas, mon amour?...
Mais que vois-je? une lettre artistement pliée,
Que, dans l'égarement d'un coupable plaisir,
Sur ce meuble tantôt vous aurez oubliée?
Vos soupirs ni vos pleurs ne sauraient m'attendrir.
Je tiens donc le secret de ce profond mystère !
Lisons : « Je suis heureuse ! oui, le retour d'un frère,
 « Pour lequel j'ai formé tant de vœux superflus ,
 « Me comble d'un bonheur que je n'attendais plus.
  « Qu'il me tardait de te le dire !
 « Mais ne te voyant pas depuis quatre longs jours,
 « Ingrat ! qui peut ainsi négliger ses amours !
 « Je me suis décidée enfin de te l'écrire. »

Je vois trop bien pourquoi tu ne me disais rien,
Quand d'un reproche amer j'accusais ta constance.
Ah ! pardonne à mon cœur ce moment de démence :
On n'est jaloux ainsi que lorsqu'on aime bein..

A. M. DESP......

En réponse à une chanson très élogieuse, ayant pour refrain :

Le peuple, ami, pour adoucir sa peine,
Recherchera tes refrains gracieux.

De ton encens, trop aimable poète,
Le doux parfum, m'enivrant malgré moi,
Changea mon être, et de la chansonnette,
Je l'avouerai, je me suis cru le roi ;
Mais de mon front écartant la couronne
Dont tu voulus un instant le charger,
Je m'écriai : « L'amitié déraisonne :
« S'il me voyait, que dirait Béranger ? »

Par toi mes vers, au peuple qu'on opprime,
Sont signalés comme un baume à ses maux,
Et dans mes mains tu penses voir la lime
Qui de sa chaîne usera les anneaux.

Oh ! que ne puis-je avoir cette espérance !
Ce rôle est grand à qui peut s'en charger.
Pour mieux sentir toute mon impuissance,
Relis encor les vers de Béranger.

De cet auteur qu'à bon droit on révère,
Cent fois le peuple a répété les chants ;
Ce fut sa joie : alors dis quelle mère
Ne les apprit à ses jeunes enfants ?
Il nous montra l'infâme tyrannie
Sans droit, sans frein, voulant tout diriger.
Réserve, ami, tes vers pour le génie ;
Je ne suis rien auprès de Béranger.

Honneur à lui ! car, dans plus d'un royaume,
La liberté fut l'écho de sa voix ;
Et, si son livre habite l'humble chaume,
Il est aussi sous l'oreiller des rois ;
Il les retient, et sa raison profonde,
Sans doute, un jour saura les corriger.
Pour tous les goûts sa muse fut féconde :
Dans tous les temps on lira Béranger.

TOI, C'EST TOUT POUR MOI.

Musique de M. Pillore.

Les fleurs les plus jolies,
Les plus beaux vêtements,
Les riches broderies,
L'or et les diamants ;
Puis tout ce que l'on aime,
Qui cause le bonheur,
Jusqu'au trône lui-même,
Rien ne séduit mon cœur :
Car toi,
C'est plus que tout cela pour moi.

10.

Les spectacles, la danse
Et ces festins joyeux,
Où sont en abondance
Des mets délicieux ;
Puis tout ce que l'on aime,
Qui cause le bonheur,
Jusqu'au trône lui-même,
Rien ne séduit mon cœur :
  Car toi,
C'est plus que tout cela pour moi.

Tu fais toute ma gloire ,
Le reste ne m'est rien ;
Quel nom m'offre l'histoire
Aussi doux que le tien ?
Les titres de noblesse
Donnent-ils le bonheur ?
Rang, dignités, richesses,
Touchent fort peu mon cœur :
  Car toi,
C'est plus que tout cela pour moi.

LAISSONS ALLER LES CHOSES DE CE MONDE (17).

Air: Nous vieillissons, le sort inexorable.

Mes bons amis, si vous voulez m'en croire,
Abandonnant tant d'intérêts divers,
Nous allons tous chanter, trinquer et boire,
Fêter Bacchus, seul Dieu de l'univers.
Au lieu d'user en vain notre faconde
Pour des mortels dont l'esprit n'est pas mûr,
Laissons aller les choses de ce monde,
Et noyons-nous dans les flots d'un vin pur.

Aux malheureux que flétrit l'esclavage,
J'ai souvent dit : « Comprenez mieux vos droits ! »
Et tous, surpris d'entendre un tel langage,
Ont méconnu la nature et ses lois.

En attendant que leur voix me réponde :
« Votre conseil était prudent et sûr. »
Laissons aller les choses de ce monde,
Et noyons-nous dans les flots d'un vin pur.

Ne parlons plus des revers de la France
A ceux qui voient un piége en nos discours :
Flattés sans cesse, ils vivent d'espérance ;
Mais leur bonheur ne peut durer toujours.
S'il faut enfin que la tempête gronde
Pour que le jour leur semble plus obscur,
Laissons aller les choses de ce monde,
Et noyons-nous dans les flots d'un vin pur.

L'ambition, l'égoïsme et l'envie,
Ne peuvent rien contre la liberté ;
Son arbre saint a retrouvé la vie,
Et tout répond de sa fertilité.
Ses longs rameaux, qu'un doux soleil féconde,
Reverdiront sous un beau ciel d'azur :
Laissons aller les choses de ce monde,
Et noyons-nous dans les flots d'un vin pur.

C'EST POUR MA MÈRE.

Sur un lit de paille étendue,
Ma pauvre mère, presque nue,
Pour nous lutte contre la mort ;
Près d'elle ma sœur prie et pleure,
Croyant ainsi retarder l'heure
Qui doit rendre affreux notre sort ;
Et, par la misère enhardie,
Pour la sauver, moi, je mendie ;
Mais nul ne se laisse attendrir :
Oh ! Dieu vous bénira, j'espère :
Donnez, Monsieur, c'est pour ma mère,
Pour ma mère qui va mourir.

Si j'en avais le temps encore,
Demain, au lever de l'aurore,

Pour travailler je m'offrirais ;
Le malheur double le courage :
Dieu sait ce que, malgré mon âge,
Pour elle alors je gagnerais !
Mais le docteur nous dit sans cesse :
« Pauvres enfants, le temps nous presse,
« Dans un moment tout peut finir !... »
Oh ! Dieu vous bénira, j'espère,
Donnez, Monsieur, c'est pour ma mère,
Pour ma mère qui va mourir.

La vôtre est heureuse sans doute,
Mais la douce paix qu'elle goûte
Peut disparaître en un moment ;
Et, qui sait? vous pourriez vous-même
Passer d'une fortune extrême
A l'état le plus indigent.
Combien alors, si la richesse
Me permettait une largesse,
J'aimerais à vous secourir !
Oh ! Dieu vous bénira, j'espère :
Merci, Monsieur, c'est pour ma mère,
Pour ma mère qui va mourir.

A MADEMOISELLE ***.

Je le sais ; oui, ton ame un instant s'est bercée
De ces illusions qui captivent les sens ;
Un bonheur chimérique occupant ta pensée,
Ton oreille accueillit cent propos séduisants...
La raison, qui toujours triomphe en toutes choses,
Cette reine du monde aux sublimes accents,
Feuille à feuille a détruit ta couronne de roses ;
Pour ton cœur attristé tout fut métamorphoses.
Pauvre enfant ! ta douleur doit durer peu de temps :
Aime d'un saint amour celui qui te protège,
Aime-le comme il t'aime ; hélas ! te le dirais-je ?
Il est sage, il est bon, et, par un sacrilège,
Il ne veut pas souiller son cœur religieux ;

Mais il voudrait t'aider à traverser la vie :
Obliger est pour lui le suprême bonheur.
Que veut-il pour cela? le seul bien qu'il envie,
C'est d'avoir en tout temps une place en ton cœur.

TOUJOURS.

Musique de M. H. Godefroi.

Lorsque, sans nul espoir,
J'ai dû quitter tes charmes,
J'ai vu de grosses larmes
Rouler dans ton œil noir ;
Ton dernier mot, ma belle,
Fut : « Aimons-nous toujours. »
Toujours, ô mon Adèle !
Adèle, ô mes amours !

Puis j'ai bravé les flots
Sur ma barque légère ,
Et la rive étrangère
A compris mes sanglots ;

Ton image fidèle
Me poursuivait toujours,
Toujours, ô mon Adèle !
Adèle, ô mes amours !

J'ai vu mille palais ;
Mais l'éclat m'importune :
Après soi la fortune
Traîne tant de regrets !
A fuir cette infidèle
Je m'occupai toujours,
Toujours, ô mon Adèle !
Adèle, ô mes amours !

Ton cœur seul est pour moi
Tout ce que je désire ;
Puisse un heureux zéphire
Me ramener vers toi :
Auprès de toi, ma belle,
Je resterai toujours,
Toujours, ô mon Adèle !
Adèle, ô mes amours !

ACCUSÉ DE RÉCEPTION.

Le détail des objets qui vous venaient de moi
      Est d'une exactitude extrême :
Je les ai tous reçus, tous, jusqu'au papier même
Dans lequel clairement vous me rendez ma foi ;
      Mais pensez-vous donc, ma petite,
Qu'envers moi, pour cela, ma douleur vous tient quitte ?
Sur cent mille baisers donnés avec amour,
Je n'en ai pas reçu plus de trente en échange.
En toute chose il faut que chacun ait son tour ;
      Vous y réfléchirez, bel ange :
C'est un compte à régler entre nous quelque jour.

L'AMANT ET LE PLONGEUR.

Certain jeune homme, épris des attraits d'une belle,
Pensait qu'à sa beauté son ame répondait ;
A sa possession son cœur tendre aspirait
Comme au plus grand des biens ; rien ne lui plaisait qu'elle ;
Mais bientôt il apprit que, pour lui seul cruelle,
Cette beauté farouche à d'autres se donnait.
    D'abord il n'en voulut rien croire,
Faisant grande en ceci la part des envieux :
Celle qui si longtemps parut chaste à ses yeux,
Ne pouvait pas commettre une action si noire ;
Mais, le fait chaque jour devenant plus notoire,
Il n'eut plus à douter de ce trait odieux ;

Il en conçut une douleur extrême.
Or, un jour que l'ennui des choses d'ici-bas
   Le rendait à charge à lui-même,
Vers les bords de la mer il dirigea ses pas;
   Là, maudissant les cœurs ingrats,
   Il versa d'abondantes larmes.
Tout-à-coup un plongeur, témoin de ses alarmes,
   En demanda poliment le motif;
Notre amant tout au long conta, d'un ton plaintif,
   L'objet de sa mésaventure,
   Ne trouvant point, dans son malheur,
De termes assez noirs pour flétrir cette injure.
 « Quoi! c'est là seulement, répartit le plongeur,
 « Ce qui peut vous causer une douleur si vive?
 « Tel objet bien souvent tout d'abord nous captive,
 « Qui nous laisse bientôt dans une grande erreur.
 « Le sort use envers moi de la même rigueur;
 « Me voit-on pour cela triste et faisant la moue?
 « Tout-à-l'heure, en plongeant dans le fond de la mer,
 « Je crus mettre la main sur un objet fort cher;
 « Mais je n'ai, comme vous, trouvé que de la boue. »

VOIX DE L'AME.

> Qui primus caram juveni, caramque puellæ
> Eripuit juvenem, ferreus ille fuit.
>
> *Tibulle*. Lib. 3. — Éleg. 2.

Esprit insidieux, sorti du noir séjour,
Ma tristesse est pour vous un beau sujet de joie ;
Triomphez sans obstacle, et gardez votre proie,
Car un souffle infernal a souillé son amour.

    Elle était pure, elle était belle ;
    Son langage était simple et doux,
    Je ne respirais que pour elle,
    Avant qu'elle ne fût à vous.
    Que de fois sur son existence,
    Qu'elle voyait comme un malheur,

J'implorai, le soir, en silence,
La bonté d'un Dieu protecteur;
Que de fois son ame, troublée
Par la crainte et le désespoir,
Fut par moi soudain consolée
Et rendue au plus saint devoir !
C'était mon bien, ma quiétude,
C'était la femme de mon cœur,
Celle qui de ma solitude
Devait alléger la rigueur;
Je l'aimais d'un amour extrême,
D'un amour qui, dans ce temps-ci,
Fait presque douter de lui-même
Celui qui croit aimer ainsi.
Mais, par vos conseils entraînée,
Elle a changé sa destinée,
Et vous jouissez maintenant !
Hier encor, c'était un ange;
Mais j'ai cru voir l'or dans la fange,
Et je la plains en l'oubliant.
Cet enfant, sans expérience,
Se laissa prendre à vos discours;
Grâce à vous, toute ma prudence
D'un autre avenir qui commence
N'aura pu préserver ses jours!
Lorsque de vous me vient l'outrage,

Elle applaudit , et son langage
Est l'écho de vos sentiments ;
Quand c'est vous seule qu'elle écoute,
Pourrait-il lui rester un doute
Sur un point qu'en vain je démens ?
A ses yeux je suis un infâme
Sans pudeur et sans loyauté,
Et le secret d'une belle ame,
On le traduit par *volupté !*

Que je souffre, ô mon Dieu ! pourtant il faut se taire,
Quand d'un mot je pourrais confondre un cœur pervers;
Dois-je, pour m'en venger, signaler dans mes vers
L'être que semble encore épargner ta colère ?

Esprit insidieux, sorti du noir séjour,
Ma tristesse est pour vous un beau sujet de joie ;
Triomphez sans obstacle, et gardez votre proie ,
Car un souffle infernal a souillé son amour.

LE LABOUREUR ET LE VOLEUR DE BLÉ.

APOLOGUE.

Certain cultivateur trouve un jour, dans son champ,
Un glaneur effronté qui tirait à la gerbe :
« Ce bien-là m'appartient, rends-le moi sur le champ, »
Lui dit-il tout surpris. Le voleur impudent
L'interrompt aussitôt par maint propos acerbe :
A l'entendre, son père était un grand fraudeur,
La police à son frère avait souvent fait grâce ...
« Et quand cela serait, répond le laboureur,
« En as-tu plus de droit au blé que je ramasse ? »
Là-dessus le fripon, le menaçant du poing,
Fait quelques pas vers lui, gronde, tempête et jure.
Le volé prit la fuite ; il fit bien, car l'injure
Est la seule raison de ceux qui n'en ont point.

A M. LAURENT DUCLOS,

CULTIVATEUR-CHANSONNIER, A BEAUBEC-LA-ROSIÈRE,

Après avoir parcouru son volume de poésie intitulé :

Le temps perdu d'un paysan.

Mon cher Duclos, Dieu , qui nous rendit frères ,
Semble en mon cœur avoir placé tes goûts :
Fronder les grands, cause de nos misères,
Pour moi toujours fut un devoir bien doux.
Que de combats ma muse aussi leur livre !
Mais à leurs pieds expirent mes accents ;
Un autre titre irait mieux à ton livre,
Car toi, du moins, tu ne perds pas ton temps.

Lorsque en tes vers se trahit le génie,
Toi-même en vain tu voudrais te tromper ;
Poursuis ton œuvre : elle est grande, infinie,
Et nos tyrans ne peuvent t'échapper.
Plus d'une fois ton luth, qui nous ranime,
Rendit des sons pour eux seuls discordants ;
Venger si bien le peuple qu'on opprime,
Ce n'est pas là, Duclos, perdre son temps.

C'est au talent à flétrir l'imposture ;
Don précieux que tu reçus du ciel !
Tu l'employas, en dépit de l'injure,
A démasquer plus d'un Machiavel.
Courage , ami ! Dans l'ombre et le silence
Tu nous fis voir les prêtres intrigants
Voulant encore tout diriger en France ;
Ce n'est pas là, Duclos, perdre son temps.

La vérité, cette déesse antique,
N'a point encore abdiqué son pouvoir,
Et, par ta voix qu'on dirait prophétique,
D'un meilleur sort elle nous rend l'espoir.
Sur notre esquif ballotés, sans courage,
Nous nous laissions aller au gré des vents ;
De loin, ton doigt nous montre un beau rivage :
Ce n'est pas là, Duclos, perdre son temps.

Ouvrir les yeux au peuple qui sommeille,
Lui rappeler ses devoirs et ses droits ;
Fêter l'amour et le Dieu de la treille,
Avec bonheur se soumettre à leurs lois,
Tel est ton sort ; il est digne d'envie !
La gloire, un jour, couronnera tes chants.
Compose encor,   c'est moi qui t'en convie :
Nul moins que toi n'aura perdu son temps.

QUERELLE D'ANIMAUX APAISÉE PAR UN BŒUF.

Au beau milieu d'un pré, certain aliboron
Faisait, en connaisseur, l'éloge du chardon.
Vingt animaux divers formaient son auditoire.
Son discours fut sublime, et, si j'en crois l'histoire,
Plus d'un *ventru*, parlant en faveur du budget,
N'avait jamais produit un aussi bel effet :
« Messieurs, s'écriait-il, malheur à qui profane
« Un mets si précieux, sans en avoir goûté !
« C'est ainsi que, toujours, maint ignorant condamne
« Ce dont il ne sent pas toute l'utilité.

« Le chardon est exquis ; mais, ajoutait notre âne,
« Laissons, si vous voulez, sa saveur de côté,
« Et parlons de sa fleur. Comme deux belles choses,
        « Qu'il semble vouloir protéger,
« Dieu garnit de piquants les chardons et les roses ;
« Donc dans la même classe il voulut les ranger,
« Donc enfin le chardon n'a rien de comparable. »
Ce dernier mot blessa certain coq entêté,
        Qui trouva, lui, de son côté,
        Que l'orge était bien préférable.
        En maître expert il en parla,
Si bien que l'orge aussi fut le *nec plus ultra !*
        « Ce point me paraît contestable, »
        Dit aussitôt un vieux lapin :
« L'orge a son prix, sans doute, et peut être agréable,
        « Mais rien n'est bon comme le thym ;
        « Demandez plutôt à l'abeille. »
Enfin bref, tour-à-tour, les autres animaux
        Citèrent, comme une merveille,
Le mets qu'ils préféraient. De propos en propos,
On s'aigrit jusqu'au point d'en venir aux gros mots :
L'âne n'était qu'un sot, qui ne savait que braire ;
Le coq, un arrogant, qui, pour parler si mal,
        Eû beaucoup mieux fait de se taire ;
        Ainsi, de maint autre animal.

Un bœuf leur dit alors : « Cessez votre dispute :
« Sur les goûts, mes amis, c'est en vain qu'on discute,
« Et l'on vit d'autant mieux que l'on en parle moins.
« J'ai fait de la matière une étude profonde ;
« Retenez donc de moi que toujours, en ce monde,
« Les choses n'ont de prix que suivant nos besoins. »

A MON AMI M. A: BOUILLET,

HOMME DE LETTRES.

Allons, décidément, c'est plus que du délire,
C'est une rage, ami, que rien ne peut dompter,
      Que ce désir ardent d'écrire,
      Que cette fièvre qui m'inspire
Les vers que quelquefois tu m'entends réciter.

Et pourtant je sais bien que la jalouse envie
Des auteurs qu'elle craint empoisonne la vie,
En étouffant leur voix, qu'on voudrait écouter.
Je connais les soucis, les peines, le déboire,
Qu'attire trop souvent un seul désir de gloire,
      Même à celui qui peut la mériter :

Et rien de tout cela ne saurait m'arrêter !
D'Escousse et de Lebras, la déplorable histoire
De ce qui les perdit ne peut me dégoûter.
Je me ressens encor de mes trop longues veilles,
Et cependant toujours mon esprit veut tenter,
Non pas assurément d'enfanter des merveilles,
Un honneur aussi grand ne m'est pas destiné ;
Mais de rimer un conte, une simple romance,
Une tendre élégie exprimant ma souffrance,
Ou rajeunir parfois un sujet suranné.
J'ai beau me reprocher mon trop peu de sagesse,
Moraliser un cœur qui comprend sa faiblesse,
A ma perte toujours je me sens entraîné !

Allons, décidément, c'est plus que du délire,
C'est une rage, ami, que rien ne peut dompter,
    Que ce désir ardent d'écrire,
    Que cette fièvre qui m'inspire
Les vers que quelquefois tu m'entends réciter.

Et je n'ignore pas, hélas ! te le dirais-je ?
Qu'un auteur de talent, que Béranger protège,
Mais que nos matadors traitent avec dédain,
Lutte, dans un grenier, contre l'affreuse faim.

11.

Sa muse, dans cent ans, sera fort applaudie,
Car tu ne seras plus, Pierre LACHAMBEAUDIE;
Et, si dès aujourd'hui, faute d'un peu de pain,
La mort venait finir ta lente maladie,
     Tu serais immortel demain!
     Immortel! que ce mot magique
Fait braver de tourments à l'homme qu'il séduit!
Que lui fait un grabat, dans un obscur réduit,
S'il a pu croire un jour que ce qu'il a produit
Sur lui doit attirer l'attention publique?
Laissons-lui ce doux rêve. Est-ce le mien aussi?
Ma foi! j'en ai bien peur, je le confesse ici;

Car, pour le dire encor, c'est plus que du délire,
C'est une rage, ami, que rien ne peut dompter,
     Que ce désir ardent d'écrire,
     Que cette fièvre qui m'inspire
Les vers que quelquefois tu m'entends réciter.

L'HOMME ET LES POURCEAUX.

FABLE.

Un homme chaque jour conduisait des pourceaux
Dans un bois où la truffe existe en abondance.
Alléchés par l'odeur, ces pauvres animaux
S'arrêtaient quelquefois, et puis, de leurs museaux
Éparpillant la terre, indiquaient la présence
Du mets cher aux gourmands. L'homme alors accourait,
Puis à coups de bâton soudain il les chassait,
Afin de profiter tout seul de leur trouvaille.

    En vérité, je vous le dis,
Le bien est rarement pour celui qui travaille :
L'ouvrier diligent se nourrit de pain bis,
Quand son maître jouit des mets les plus exquis ;

Aux pauvres, pour coucher, une botte de paille ;
Aux riches oublieux le luxe des bons lits.
        Plaignez-vous donc, pour qu'on vous raille !
        En vérité, je vous le dis,
Les gros vivront longtemps aux dépens des petits.
Hélas ! depuis Virgile, en quelque lieu qu'on aille,
On retrouve toujours le *sic vos, non vobis.*

A LA PRESSE.

Le siècle où nous vivons est mort pour la pensée
La matière grandit, l'âme est rapetissée.

Barthélemy. — ZODIAQUE. — 6 juin 1846.

« La sainte poésie a perdu son prestige ;
« Ce n'est plus qu'une fleur expirant sur sa tige ;
« L'Agio, dont chacun tout-à-coup s'est épris,
« De son charme divin détourna les esprits. »

Voilà ce que l'on dit ; mais du mal qu'on expose
Cette fièvre du jour n'est pas la seule cause,
Une autre, qu'avec peine on confesse tout bas,
Est encor plus féconde en tristes résultats.
Mais qui donc osera la mettre en évidence,
Sans attirer sur lui quelque dure sentence ;

Sans braver un pouvoir qui ne respecte rien,
Qui change en bien le mal, comme le mal en bien?
Il faut ceindre son corps d'une double cuirasse,
Pour pousser à ce point la franchise et l'audace ;
Il faut compter pour rien tout ce qu'on a produit,
Et n'espérer jamais en recueillir le fruit ;
Il faut, dût votre verve être riche et féconde !
Renoncer à la gloire et mourir pour le monde...
Eh bien ! quand on devrait m'en savoir mauvais gré,
Cette cause du mal, tout haut je la dirai :
« *Des critiques du jour c'est la molle indulgence.* »
Sur l'or qu'ils ont palpé basant leur complaisance,
On en voit qui, pour plaire aux rimeurs *chevelus,*
Exaltent sans raison leurs vers qu'ils n'ont pas lus ;
C'est ainsi qu'accueillant ces louanges extrêmes,
Ces auteurs sont d'abord très satisfaits d'eux-mêmes,
Et que le bon public, qui sur eux a compté,
Voit mourir en un jour leur immortalité.
C'était un mauvais bois sous une belle écorce.
On est dupe, on l'avoue, et d'une telle amorce
On se croit affranchi, quand la Presse soudain,
Prenant un autre biais, vous promet pour demain
Quelque livre charmant, quelque grande merveille,
Qui, s'il vivait encor, tourmenterait Corneille.
On court chez son libraire, on souscrit, et voilà
Que l'on tombe, ébahi, de Charybde en Scylla ;

Et les pauvres lecteurs, exploités de la sorte,
S'en vont criant partout : « *La poésie est morte !* »
Oh ! qu'on se trompe fort, en tenant ce discours !
Tant qu'un cœur pourra battre, elle vivra toujours.
Eh quoi ! de Lamartine a-t-il cessé de plaire ?
Béranger n'est-il plus le barde populaire ?
De Barbier, de Ponsard et du célèbre Hugo,
Les doux chants, parmi nous, n'ont-ils donc plus d'écho ?
Croyez-moi, chaque siècle a ses hommes d'élite,
Dont un heureux hasard fait percer le mérite,
Qui de la poésie entretiennent le feu,
Pour montrer qu'il doit être éternel, comme Dieu !
Mais ne le cherchez point dans ces amas de rimes,
Qu'à tort on prend souvent pour des élans sublimes,
Et que, par intérêt, messieurs les éditeurs
Préfèrent aux beaux vers de nos plus grands auteurs ;
Surtout n'oubliez pas que votre cœur frissonne,
Quand Rachel devant vous se change en Hermione.
L'homme ne perd jamais le sentiment du beau,
Au point de méconnaître et Racine et Boileau.
Relisez ces auteurs, Chénier, Lebrun, Voltaire,
Et tant d'autres, bon Dieu ! qui toujours savent plaire ;
Mais ne blasphémez plus, et dites, avec moi,
Que des éloges vains égaraient votre foi,
Et que votre candeur fut trop souvent surprise,
En ce temps d'égoïsme, où tout est marchandise.

Voici le dernier mot des hommes du métier :
« *Nous donnons du renom à qui veut le payer.* »
La médiocrité, chez nous, seule en profite ;
Car comment voulez-vous qu'un auteur de mérite,
S'il a de la fortune obtenu les faveurs,
Ne soit grand qu'à ce prix, s'il l'est assez d'ailleurs ?
Sa fierté l'en empêche : il aurait peur de croire
Qu'à son or seulement il devrait quelque gloire ;
Il préfère cent fois sa noble obscurité
Au nom qu'il penserait n'avoir pas mérité.
Que vous dirais-je, hélas ! du talent sans fortune ?
Cet esclave, soumis à sa muse importune,
Amasse incessamment d'inutiles trésors,
Car nul ne lui sait gré de ses constants efforts ;
Nul ne sait les combats, qu'en sa misère extrême,
Avant d'écrire un vers il se livre à lui-même ;
Nul ne sait les tourments dont son cœur est navré.
Il faut qu'il se résigne à mourir ignoré,
A moins que, par hasard, comme Reboul de Nîmes,
Gracieux par le style et par le choix des rimes,
Il ne trouve un grand homme, heureux de l'appuyer,
Pour montrer ce que peut un poète-ouvrier.
Mais cet exemple est rare, et, pour un que je cite,
Dont un cas imprévu causa la réussite,
Il en est un grand nombre à qui le sort fatal
Ne laisse d'autre espoir qu'un lit à l'hôpital.

L'existence est pour eux une longue agonie,
La mort toujours trop tard couronne leur génie.
Combien de fois j'ai plaint ces cœurs si courageux
De voir la nullité grandir à côté d'eux !
Encor si je pouvais, pour leur crier : « Courage ! »
Espérer que bientôt l'équité, qu'on outrage,
Dût reprendre ses droits sur l'amour de l'argent !
Mais déjà le virus est passé dans le sang.

Voilà ce qu'a produit la Presse *Libérale*,
Et nul n'a signalé cet affligeant scandale !
Et l'on dit froidement que l'art est mort chez nous,
Que tout progrès s'éteint... A qui la faute? A vous !
A vous qui promettiez, dans votre long programme,
De n'accueillir jamais une injuste réclame,
D'encourager partout le mérite naissant,
Quels que soient son parti, sa fortune ou son rang ;
A vous par qui l'on jure et qu'on défend encore,
Malgré vos faux serments, qu'à bon droit je déplore ;
A vous que cependant on n'estimera plus,
Si vous continuez de semblables abus !

NOTES.

(1) BÉRANGER. Page 6.

L'envoi de cette chanson à notre poète national m'a
valu de sa part une lettre des plus aimables. On com-
prendra dès-lors le motif qui m'empêche de la publier.

(2) LE PRÉCEPTEUR D'UN JEUNE PRINCE. Page 22.

L'histoire de don Raphaël, dont parle Lesage, dans son
roman de *Gilblas*, m'a suggéré l'idée de cette chanson,
où j'ai essayé de peindre, dans la personne du précepteur, un ancien père de la Foi.

LE DÉSAPPOINTEMENT.

(3)   L'oubli seul passe sur la tombe
De ceux qui sont morts pour nos droits.   Page 43.

Tout le monde sait le peu de vénération que l'on a
maintenant pour les mânes des héros morts en juillet
1830.

(4) LE DIABLE N'EST PAS MORT. Page 57.

Cette chanson est un peu la contre-partie de la *Mort du diable*, de Béranger.

(5) Pour nous octroyer la censure,
La Chambre a fait pacte avec lui .   Page 58.

Cette chanson a été composée à l'époque où l'on a promulgué la loi qui rétablit la censure théâtrale.

(6) CROQUE-MITAINE. Page 73.

Cette chanson a été faite quatre ans après la révolution de juillet, c'est-à-dire à une époque où le pouvoir, infidèle à son origine et à sa mission, était déjà entré dans la voie contre-révolutionnaire qui a produit de si honteux résultats pour l'honneur et la dignité de la France.

(7) LE GANT TROUVÉ. Page 76.

Ainsi que l'indique ce titre, un gant, trouvé par un froid rigoureux, m'a fourni le sujet de cette petite pièce de vers.

LE FOSSOYEUR.

(8) Heureusement qu'on déraisonne
Ailleurs qu'à la Chambre, où tout passera. Page 89.

Ces deux vers font allusion aux erreurs professées par la Faculté de Médecine, et à l'extrême facilité que mettaient alors nos mandataires à voter les lois qu'on leur proposait.

(9) L'homœopathie a fait des progrès. Page 90.

Lorsque je composai cette chanson, ce nouveau genre de traitement était fort à la mode.

(10) Ne se fait sentir qu'à Londre. Page 91.

La grippe sévissait alors à Londres avec une certaine gravité.

(11) ANNONCE. Page 99.

Je ne rappelle ici cette pièce, qui, sous ce titre, a paru naguère dans une feuille périodique, que par la singularité que la plupart de mes amis lui ont attribuée d'avoir tracé une route nouvelle à l'*Annonce*. Ils ont remarqué que, postérieurement à la publication de ma pièce, des imitations de celle-ci, rithmées différemment, avaient bientôt été suivies d'un grand nombre d'annonces *commerciales*, écrites aussi dans la langue *cadencée* des poètes. Il est telle de ces dernières, véritable chef-d'œuvre du genre, qui, certes, ne serait point indigne d'une plume académique.

(12) SI J'ÉTAIS SON P'TIT CHIEN. Page 145.

Il est présumable que ces couplets ne feraient pas partie de ce recueil, n'était un *emprunt* littéraire commis à mon préjudice par M. ***. L'occasion se présente de le lui rappeler. M. ***, m'ayant demandé les couplets en question pour les mettre en musique, les transforma en *Si j'étais son perroquet*. SA CHANSON, qu'il

publia sous ce titre, prit tout l'essor d'un *vol* heureux,
car la vogue qu'elle eut fut aussi un succès d'argent,
le plus beau, assurément, que puisse ambitionner un
auteur dont les vers ont quelquefois une certaine res‑
semblance avec ceux de Mme Dufresnoy.

(13) A BÉRANGER. Page 151.

A Dieu ne plaise que je veuille tirer vanité des éloges
que, en réponse à cette chanson, j'ai reçus *de l'un des
plus grands poètes que la France ait produits.* Ce sont
les termes mêmes dont M. de Chateaubriand s'est servi
en parlant de Béranger. — Je sais trop ce qu'il faut que
je pense de moi pour attribuer à un certain mérite ce
que je ne crois devoir qu'à l'extrême bienveillance de
l'immortel chansonnier. Je saisis toutefois avec empres‑
sement cette occasion pour le remercier des conseils
qu'il me donna alors, dans le cas où je viendrais à
publier ce volume.

(14) L'EXILÉ. Page 160.

Le magnifique chant de l'exilé, des *Paroles d'un
Croyant*, ne pouvait que beaucoup perdre par l'imitation
que j'en ai voulu faire : c'est le pâle reflet d'une vive
clarté. Mais le lecteur ne sera pas plus sévère que M.
Lamennais lui-même, qui, loin de se formaliser de cet
emprunt, l'a au contraire approuvé en termes on ne peut
plus flatteurs. Un homme de ce mérite pouvait-il man‑
quer d'indulgence ?

(15) PROVERBE. Page 198.

Cette chanson contenait originairement un couplet de plus, que, pour éviter toute fausse interprétation, j'ai crû devoir supprimer.

A M. A. PINCHON.

(16) Paris serait sous les verroux. Page 209.

Au moment où l'on présenta la loi sur les fortifications, quelques journaux soutenaient que *Paris* n'était pas la *France*, et qu'il serait plus sage de fortifier les villes frontières. Le *National* fut d'un avis contraire ; mais, depuis, il a changé d'avis.

(17) LAISSONS ALLER LES CHOSES DE CE MONDE. Page 227.

Pour bien comprendre cette chanson, il est indispensable d'expliquer qu'elle a été faite à la suite d'une discussion politique entre des hommes de progrès et des partisans d'un radicalisme douteux, c'est-à-dire du *juste-milieu*, et qu'elle fut chantée, le lendemain, à la fin d'un dîner, où ces Messieurs cherchaient à reprendre leur conversation animée de la veille.

TABLE.

—

www.ingramcontent.com/pod-product-compliance
Ingram Content Group UK Ltd.
Pitfield, Milton Keynes, MK11 3LW, UK
UKHW021054220726
13924UKWH00005B/2102